KB057437

100% 활용하는 사자성어

고사성어로의 여행

국가고시
수능, 논술,
취업, 면접,
승진 대비

법문북스

차례

제1장

수능, 논술, 취업, 면접 대비 **분야별 맞춤 고사성어**

제2장
수능, 논술, 취업, 면접 대비 **맞춤 고사성어**

제3장
한자 급수 시험에 나오는 **맞춤 고사성어**

분야별 맞춤

고사성어

국가고시
수능, 논술,
취업, 면접,
승진 대비

법문북스

시험에 잘 나오는 고사성어

가담항설(街談巷說)
길거리나 세상 사람들 사이에 떠도는 이야기나 뜬소문을 이르는 말.

동병상련(同病相憐)
같은 병을 앓고 있는 사람끼리 서로 가엾게 여긴다는 뜻.

주마간산(走馬看山)
말을 타고 달리면서 을 바라본다' 는 말로, 일이 몹시 바빠서 이것저것 자세히 살펴볼 틈도 없이 대강대강 훑어보고 지나침을 뜻함.

풍전등화(風燈前火)
'바람 앞의 등불' 이라는 말로, 존망이 달린 매우 위급한 처지를 뜻함.

함흥차사(咸興差使)
심부름을 간 사람이 소식이 아주 없거나 또는 회답이 좀처럼 오지 않음을 뜻함.

구우일모(九牛一毛)
아무것도 아닌 하찮은 일을 뜻함.

초한지와 삼국지에 나오는 고사성어

건곤일척(乾坤一擲)
하늘이냐 땅이냐를 한 번 던져서 결정한다. 운명과 흥망을 걸고 단판으로 승부나 성패를 겨룬다는 뜻임.

걸견폐요(桀犬吠堯)
중국의 걸주(桀紂)같이 포학한 인간이 기르는 개가 요(堯)와 같은 성군(聖君)을 보고도 짖어댄다는 뜻임.

계포일낙(季布一諾)
한번 한 약속은 끝까지 지킨다는 뜻임.

권토중래(捲土重來)
'흙먼지를 날리면서 거듭 온다'는 말로, 한번 실패한 사람이 다시 세력을 갖추어 일어난다는 뜻.

양호유환(養虎遺患)
'호랑이를 길러 근심거리를 남기다'는 말로, 스스로 화근을 만들어 그로 인하여 화를 입게 된다는 뜻.

일패도지(一敗塗地)
한번 싸우다가 여지없이 패하여 다시 일어나지 못한다는 뜻.

파부침선(破釜沈船)
'밥 짓는 솥을 깨고 돌아갈 때 탈 배를 가라앉힌다'는 말로. 필사의 각오로 싸운다는 뜻임.

만전지책(萬全之策)

'만전을 기하는 계책' 이란 말로, 조금도 허술함이 없는 아주 완전한 계책이라는 뜻.

소향무적(所向無敵)

'어느 곳을 가더라도 대적할 상대가 없다' 는 것을 뜻함.

순망치한(脣亡齒寒)

'입술이 없으면 이가 시리다' 는 말로, 서로 떨어질 수 없는 밀접한 관계라는 뜻.

칠종칠금(七縱七擒)

'일곱 번 잡았다가 일곱 번 풀어준다' 는 말로, 상대를 마음대로 다룸을 비유하거나 인내를 가지고 상대가 숙여 들어오기를 기다린다는 뜻.

공성계(空城計)

아군이 열세일 때 방어하지 않는 것처럼 꾸며 적을 혼란에 빠뜨리는 전략.

륙적회귤(陸績懷橘)

'육적이 귤을 가슴에 품다' 라는 말로, 지극한 효성을 비유하는 말이다.

사람들이 잘 모르는 고사성어

절발역주(截髮易酒)
머리를 잘라 술과 바꾼다는 뜻으로, 자식(子息)에 대한 모정의 지극(至極)함을 이르는 말

입이저심(入耳著心)
귀로 들어온 것을 마음 속에 붙인다라는 뜻으로, 들은 것을 마음 속에 간직하여 잊지 않음

토기양미(吐氣揚眉)
기염을 토하며 눈썹을 치켜올린다는 뜻으로, 득의만만한 모습을 두고 이르는 말

토라치리(兎羅稚罹)
토끼 그물에 꿩이 걸린다는 뜻으로, 소인(小人)은 계교(計巧)로 좌에서 벗어나고, 군자(君子)가 도리어 화를 입음을 이르는 말

망자재배(芒刺在背)
가시를 등에 지고 있다는 뜻으로, 마음이 조마조마하고 편하지 않음을 이르는 말

반후지종(飯後之鐘)
식사(食事)가 끝난 후에 울리는 종이라는 뜻으로, 때가 이미 지났음을 이르는 말

원목경침(圓木警枕)
통나무로 베개삼아 경각한다는 뜻으로, 밤잠을 자지 않고, 학문(學問)에 힘씀

곡돌사신(曲突徙薪)
굴뚝을 꼬불꼬불하게 만들고 아궁이 근처의 나무를 다른 곳으로 옮긴다는 뜻으로, 화근을 미리 방지하라는 말

도남지익(圖南之翼)
붕새가 날개를 펴고 남명으로 날아가려고 한다는 뜻으로, 큰 사업을 계획하고 웅비를 꾀함

만촉지쟁(蠻觸之爭)
만씨와 촉씨의 다툼이라는 뜻으로, 시시한 일로 다툼.

모원단장(母猿斷腸)
어미원숭이의 창자가 끊어졌다는 뜻으로, 창자가 끊어지는 것 같은 슬픔, 애통함을 형용해 이르는 말

남전생옥(藍田生玉)
남전에서 옥이 난다는 뜻으로, 명문에서 뛰어난 젊은이가 나옴을 칭찬하는 말

당랑규선(螳螂窺蟬)
버마재비가 매미를 엿본다는 뜻으로, 눈앞의 이익에만 눈이 어두워 뒤에서 닥치는 재해를 생각하지 못함을 이르는 말

구약현하(口若懸河)

입이 급히 흐르는 물과 같다는 뜻으로, 거침없이 말을 잘하는 것

파벽비거(破壁飛去)

벽을 깨고 날아갔다는 뜻으로, 평범한 사람이 갑자기 출세함을 이르는 말

파부침선(破釜沈船)

솥을 깨뜨리고 배를 가라앉힌다는 뜻으로, 싸움터로 나가면서 살아 돌아오기를 바라지 않고 결전을 각오함을 이르는 말

친구나 우정에 관계된 고사성어

문경지교(刎頸之交)
서로 죽음을 함께 할 수 있는 막역한 사이를 이르는 말.

금란지교(金蘭之交)
마음이 통하여 금을 자르고 난초의 향기가 날만큼의 친한 사이를 뜻함.

막역지우(莫逆之友)
서로 거스름이 없는, 아무 허물없이 친한 친구를 뜻함.

수어지교(水魚之交)
물과 고기처럼 떨어질 수 없는 사이를 뜻함.

지음(知音)
소리를 알아주는 친구를 뜻함.

노력과 관련된 고사성어

견위수명(見危授命)
나라가 위태로울 때는 자신의 목숨까지도 바친다는 뜻임.

사반공배(事半功倍)
힘을 덜 들였지만 사소한 노력에도 불구하고 효과가 매우 큰 것을 뜻함.

사랑에 관한 고사성어

색쇠애이(色衰愛弛)
젊어서 사랑받던 미인도 늙어지면 사랑을 잃는다는 말.

색수혼여(色授魂與)
아름다운 용모가 나의 눈에 비쳐, 나의 넋이 그것에 빠짐.

익애(溺愛)
몹시 사랑함, 또는 열렬한 사랑에 빠짐. 맹목적으로 귀여워 함

연모지정(戀慕之情)
사랑하여 그리워하는 정

운우지정(雲雨之情)
남녀간의 육체적인 사랑

일견경심(一見傾心)
한 번 만나 보고 마음이 쏠림. 첫눈에 마음이 쏠림.

일견종정(一見鍾情)
첫눈에 반하다.

※鍾情 : 사랑에 빠지다. 사랑을 한 곳에 모으다.

鍾은 '술잔 종, 쇠북 종'이 아니고, '모을 종'으로 쓰임.

입애유친(立愛惟親)
사랑은 먼저 친밀함에서 시작하여 정분이 멀어지는 사이까지 미친다.

조운모우(朝雲暮雨)
아침에는 구름이 되고 저녁에는 비가 된다. 남녀의 친밀한 교제를 비유하는 말.

종고낙지(鍾鼓樂之)
부부간의 금슬이 좋아 서로 사랑하고 지냄

천장지구(天長地久)
천지는 영원히 변함이 없다. 변함 없는 사랑을 비유하는 말이 되는데, 홍콩 영화로 유명했었죠.

평분춘색(平分春色)
미인과 접촉하며 사랑을 받는 것

스승에 관한 고사성어

교학상장(教學相長)

남을 가르치는 일과 스승에게서 배우는 일이 서로 도와서 자기의 학업을 증진시킴.

동문수학(同門修學)

한 스승에게서 글을 같이 배움.

무사자통(無師自通)

가르쳐 주는 스승 없이 스스로 통하여 깨달음.

사엄도존(師嚴道尊)

스승이 엄하면 그 가르치는 도(道)도 자연히 존귀함.

사은지대(師恩至大)

스승의 은혜가 지극히 큼.

사제동행(師弟同行)

스승이나 제자가 한 마음으로 배워 나감.

역보역추(亦步亦趨)

남이 걸어가면 자기도 걸어가고 남이 뛰면 자기도 뜀. 제자가 스승이 하는 바를 배우는 것.

정문립설(程門立雪)

제자가 스승을 존경함을 일컫는 말.

천덕사은(天德師恩)

하느님의 덕과 스승의 은혜.

청출어람(青出於藍)

청출어람이청어람(青出於藍而青於藍)의 준말. 푸른 색깔은 남색(쪽빛)에서 나온 색깔이지만, 남색보다 더 푸르다. 흔히 제자가 스승보다 더 나아짐을 일컫는 말.

좋은 뜻의 고사성어

삼위일체(三位一體)
세 가지의 것이 하나의 목적을 위하여 연관,통합되는 일, 군관민이 ~가 되어 난국을 극복한다.

해로동혈(偕老同穴)
부부의 금실이 좋아서 함께 늙고 함께 묻힘.

수미상응(首尾相應)
서로 응하여 도와 줌. 양끝이 서로 응함.

금슬상화(琴瑟相和)
거문고와 가야금을 함께 연주함으로써 서로 조화를 이룬다는 뜻으로, 단란한 부부 사이를 비유하는 말.

동주상구(同舟相救)
같은 배를 타면 서로 구해준다는 뜻으로, 여러 사람이 힘을 합치면 큰 힘이 될 수 있다는 말.

동고동락(同苦同樂)
괴로움도 즐거움도 함께 함.

공도동망(共倒同亡)
함께 쓰러지고 같이 망함. 운명을 같이 함.

의기투합(意氣投合)
마음이 서로 맞음.

여출일구(如出一口)
여러 입으로부터 나오는 말이 한 사람 입에서 나오는 말과 같다는 뜻으로, 여러 사람의 말이나 의견이 다 같은 경우를 말함.

화기애애(和氣靄靄)
온화한 기색이 차서 넘쳐흐르는 모양.

백년해로(百年偕老)
부부가 되어 화락하게 함께 늙음.

금슬지락(琴瑟之樂)
부부 사이가 좋은 것. 금슬 즉, 거문고와 비파의 멋진 화음에서 온 말.

가화만사성(家和萬事成)
집안이 화목하면 모든 일이 잘 되어 나감.

이구동성(異口同聲)
여러 사람의 말이 한결 같음. 여러 사람이 똑같이 말함.

금실지락(琴瑟之樂)
부부 사이의 화목한 즐거움.

혼융일체(混融一體)
조그마한 차별이나 균열도 없이 한 몸이 됨.

수불석권(手不釋卷)
손에서 책을 놓지 아니함. 곧, 늘 글을 읽음.

위편삼절(韋編三絶)
공자가 읽던 책끈이 세 번이나 끊어졌다는 것에서 유래한 것으로, 열심히 공부한다는 뜻.

독서삼매(讀書三昧)
잡념이 없이 오직 책을 읽는 데만 골몰한 경지.

착벽인광(鑿壁引光)
벽을 뚫어서 불빛을 끌어들인다는 뜻으로, 어려운 환경에서도 그것을 극복하여 열심히 공부하는 것을 말함.

형설지공(螢雪之功)
반딧불과 눈빛으로 책을 읽어서 이룬 공. 고생을 하면서 공부하여 얻은 보람.

주경야독(晝耕夜讀)
낮에는 밭 갈고 저녁에 책을 읽는다는 뜻으로, 어려운 여건 속에서도 꿋꿋이 공부함을 비유하는 말.

교학상장(敎學相長)
사람에게 가르쳐 주거나 남에게서 배우거나 모두 나의 학업을 증진시킨다는 뜻.

한우충동(汗牛充棟)

짐으로 실으면 소가 땀을 흘리고 쌓으면 들보에까지 미친다는 뜻으로, 책이 매우 많음을 이르는 말.

백수북면(白首北面)
재주와 덕이 없는 사람은 늙어서도 북쪽을 향하여 스승의 가르침을 받음이 마땅하다는 말.

실사구시(實事求是)
사실에 토대로 두어 진리를 탐구하는 일.

안투지배(眼透紙背)
안광이 종이 뒷면까지 꿰뚫는다는 뜻으로, 책을 정독하여 그 이해가 깊고 날카로움을 이르는 말.

독서상우(讀書尙友)
책을 읽어서 옛날의 현인을 벗삼는다는 말.

수신제가(修身齊家)
행실을 닦고 집안을 바로잡음.

온고지신(溫故知新)
옛것을 익히어 새 것을 앎.

천재일우(千載一遇)
천년에 한 번 만난다는 뜻으로, 좀처럼 만나기 어려운 좋은 기회를 이르는 말.

천우신조(天佑神助)

하늘과 신령이 도움.

맹모단기(孟母斷機)

맹자의 어머니가 베틀의 날실을 잘라 학문을 중도에 그만둠을 경계했다는 고사에서, 학문이나 일을 중간에 그만 두면 쓸모가 없음을 뜻하는 말.

단기지계(斷機之戒)

맹자가 수학 도중에 집으로 돌아왔을 때, 그 어머니가 짜고 있던 베틀의 날실을 자르면서 훈계했다는 고사에서, 학업을 중지해서는 안됨을 경계할 때 쓰는 말.

독서삼도(讀書三到)

독서하는 데는 눈으로 보고, 입으로 읽고, 마음으로 깨우쳐야 한다는 뜻.

고족제자(高足弟子)

학행이 뛰어난 제자. 우수한 제자.

격물치지(格物致知)

주자학에서, 사물의 이치를 연구하여 지식을 명확히 함. 양명학에서, 자기 마음을 바로잡고 선천적인 양지를 갈고 닦음.

독서망양(讀書亡羊)

독서에 정신이 쏠려 기르는 양을 잃었다는 뜻으로, 마음이 딴데 쏠려 길을 잃는 것을 비유하는 말.

금시발복(今時發福)
어떤 일을 한 뒤에 이내 좋은 수가 생겨서 부귀를 누리게 됨을 일컬음.

풍운아(風雲兒)
좋은 기회를 타고 활약하여 세상에 두각을 나타내는 사람.

원화소복(遠禍召福)
재앙을 물리쳐 멀리하고 복을 불러들임.

구사일생(九死一生)
여러 차례 죽을 고비를 겪고 겨우 살아남.

일확천금(一攫千金)
힘 안들이고 한꺼번에 많은 재물을 얻음.

전정만리(前程萬里)
나이가 젊어 장래가 유망함.

전도유망(前途有望)
앞으로 잘 될 희망이 있음 장래가 유망함.

태평성대(太平聖代)
어진 임금이 잘 다스리는 태평한 세상이나 시대.

강구연월(康衢煙月)

번화한 거리와 밥을 짓는 연기에 그을린 달이란 뜻으로, 태평한 시대의 번화한 거리의 평화스러운 모습을 이르는 말. 태평스러운 시대.

매검매우(賣劍賣牛)

군도(軍刀)를 팔아 소를 산다는 뜻. 전쟁을 그치고 농사를 짓게 함을 일컫는 말.

장침대금(長枕大衾)

긴 베개와 큰 이불이란 뜻. 친구 간에 같이 누워 자기에 편하므로 교분이 두터운 것을 '장침대금의 교' 라 함.

단금지계(斷金之契)

합심하면 그 단단하기가 쇠를 자를 수 있을 만큼 굳은 우정이나 교제란 뜻으로, 절친한 친구 사이를 말함.

망운지정(望雲之情)

자식이 객지에서 고향의 어버이를 생각하는 마음.

혼정신성(昏定晨省)

자식이 부모님께 아침 저녁으로 잠자리를 보살펴 드리는 것.

자위부은(子爲父隱)

자식은 아버지를 위해 숨긴다는 뜻으로, 부자지간(父子之間)의 천리 인정(天理人情)을 말함.

반의지희(班衣之戱)

늙은 부모를 위로하려고 색동 저고리를 입고 기어가 보임. 늙어서 효도함.

반포지효(反哺之孝)

까마귀 어미가 늙으면 새끼가 먹이를 물어다 먹이는 효성이라는 뜻으로, 자식이 커서 어버이의 은혜에 보답하는 효성을 이르는 말.

즐풍목우(櫛風沐雨)

바람으로 빗질을 하고 빗물로 몸을 씻는다는 뜻으로, 긴 세월 동안 목적을 달성하기 위하여 온갖 난관을 무릅쓰고 고생한다는 말.

와신상담(臥薪嘗膽)

불편한 섶에서 자고, 쓴 쓸개를 맛본다는 뜻. 마음 먹은 일을 이루기 위하여 온갖 괴로움을 무릅씀을 이르는 말.

분골쇄신(粉骨碎身)

뼈는 가루가 되고 몸은 산산조각이 됨. 곧 목숨을 걸고 최선을 다함.

전심치지(專心致志)

오로지 한 가지 일에만 마음을 바치어 뜻한 바를 이룸.

불철주야(不撤晝夜)

어떤 일에 골몰하느라고 밤낮을 가리지 아니함.

절차탁마(切磋琢磨)
옥·돌·뼈·뿔 등을 갈고 닦아서 빛을 낸다는 뜻으로, 학문·도덕·기예 등을 열심히 닦음을 말함.

불면불휴(不眠不休)
자지도 아니하고 쉬지도 아니함.

마부위침(磨斧爲針)
도끼를 갈아 바늘을 만든다는 뜻으로, 열심히 노력함의 비유.

사석위호(射石爲虎)
돌을 호랑이로 오인하여 쏘았더니 화살이 돌에 깊이 꽂혔다는 고사에서, 성심을 다하면 아니될 일도 이룰 수 있다는 뜻. 사석 성호(射石成虎).

주마가편(走馬加鞭)
달리는 말에 채찍질을 계속함. 자신의 위치에 만족하지 않고 계속 노력함.

여민동락(與民同樂)
임금이 백성과 함께 즐김.

농장지경(弄璋之慶)
'장(璋)' 은 사내아이의 장난감인 실패라는 뜻으로, 아들을 낳은 즐거움을 이르는 말.

농와지경(弄瓦之慶)
딸을 낳은 즐거움을 이르는 말.

박장대소(拍掌大笑)
손뼉을 치며 크게 웃음.

송부백열(松茂栢悅)
소나무가 무성하면 잣나무가 기뻐한다는 뜻. 남이 잘 되는 것을 기뻐함.

금상첨화(錦上添花)
비단 위에 꽃을 놓는다는 뜻으로, 좋은 일이 겹침의 비유 .

다다익선(多多益善)
많을수록 더욱 좋음.

운상기품(雲上氣稟)
속됨을 벗어난 고상한 기질과 성품

음마투전(飮馬投錢)
말에게 물을 마시게 할 때 먼저 돈을 물속에 던져서 물값을 갚는다는 뜻으로, 결백한 행실을 비유

순결무구(純潔無垢)
마음과 몸가짐이 깨끗하여 조금도 더러운 티가 없음

남자를 비유하는 고사성어

부창부수(夫唱婦隨)
남편이 주장하고 아내가 이에 따름. (부부의 화합하는 도리를 뜻하는 말.

여필종부(女必從夫)
'아내는 반드시 남편의 뜻에 좇아야 한다' 는 말.

대장부 (大丈夫)
큰 어른 남자라는 말로, 참으로 남자다운 남자를 가리키는 말

거천하지광거(居天下之廣居)
대장부는 천하의 넓은 곳에 떳떳이 거처합니다.

입천하지정위(立天下之正位)
대장부는 천하의 바른 자리에 떳떳이 서는 사람입니다.

행천하지대도(行天下之大道,)
대장부는 천하의 가장 큰 길을 떳떳이 가는 사람이다

남아일언중천금(男兒一言重千金)
남자의 말 한 마디는 천금의 무게가 있다는 뜻으로 말을 함부로 하지 말고 삼가라는 말

남아수독오거서(男兒須讀五車書)
"남자는 모름지기 다섯 수레 정도의 책은 읽어야 한다"는 뜻으로 책을 다독(多讀)할 것을 일컬음.

대장부당용인 무위인소용 (大丈夫當容人無爲人所容)
대장부는 마땅히 남을 용서해 줄지언정 남의 용서를 받는 바가 되지는 말 것이니라.

우정에 관한 고사성어

장침대금(長枕大衾)
긴 베개와 큰 이불이란 뜻. 친구 간에 같이 누워 자기에 편하므로 교분이 두터운 것을 '장침대금의 교'라 함.

단금지계(斷金之契)
합심하면 그 단단하기가 쇠를 자를 수 있을 만큼 굳은 우정이나 교제란 뜻으로, 절친한 친구 사이를 말함.

지란지교(芝蘭之交)
지초와 난초와 향기와 같이 벗 사이의 맑고도 높은 사귐.

기리단금(其利斷金)
둘이 합심하면 그 날카로움이 능히 쇠를 자를 수 있다는 뜻으로, 절친한 친구 사이를 일컬음.

죽마고우(竹馬故友)
어렸을 때부터 친하게 사귄 벗.

수어지교(水魚之交)
고기와 물과의 사이처럼 떨어질 수 없는 특별한 친분.

문경지교(刎頸之交)
목이 잘리는 한이 있어도 마음을 변치 않고 사귀는 친한 사이.

유유상종(類類相從)
같은 무리끼리 서로 내왕하며 사귐.

관포지교(管鮑之交)
관중과 포숙아의 사귐이 매우 친밀하였다는 고사에서, 우정이 깊은 사귐을 이름.

금란지계(金蘭之契)
둘이 합심하면 그 단단하기가 능히 쇠를 자를 수 있고, 그 향기가 난의 향기와 같다는 뜻으로, 친구 사이의 매우 두터운 정의를 이름.

지기지우(知己之友)
서로 뜻이 통하는 친한 벗.

막역지우(莫逆之友)
거스르지 않는 친구란 뜻으로, 아주 허물 없이 지내는 친구를 일컬음.

금란지교(金蘭之交)
둘이 합심하면 그 단단하기가 능히 쇠를 자를 수 있고, 그 향기가 난의 향기와 같다는 뜻으로, 벗 사이의 깊은 우정을 말한다.

기취여란(其臭如蘭)
둘이 합심하면 그 향기가 난초의 향기와 같다는 뜻으로, 절친한 친구 사이를 일컬음.

단금지교(斷金之交)
단단하기가 쇠를 자를 정도로 굳은 절친한 친구 사이를 말함.

호형호제(呼兄呼弟)
서로 형, 아우라 부를 정도로 가까운 친구 사이.

이인동심(二人同心)
절친한 친구 사이.

동심지언(同心之言)
마음을 같이하는 절친한 친구 사이.

간담상조(肝膽相照)
간과 쓸개를 보여주며 사귄다는 뜻으로, 서로의 마음을 터놓고 사귐을 이르는 말.

독서에 관한 고사성어

한우충동(汗牛充棟)

짐으로 실으면 소가 땀을 흘리고, 쌓으면 들보에까지 찬다는 뜻으로, 가지고 있는 책이 매우 많음을 이르는 말.

남아수독오거서(男兒須讀오車書)

남자는 모름지기 다섯 수레의 책은 읽어야 한다는 뜻으로. 그만큼 책을 많이 읽어야 함을 이르는 말.

독서백편의자현(讀書百遍義自見)

책을 백번 읽으면 그 뜻은 저절로 알게 된다는 뜻으로, 부지런히 학문을 닦게 되면 저절로 성취함이 있게 됨을 이르는 말.

등화가친(燈火可親)

등불을 가까이할 만하다는 뜻으로, 서늘한 가을 밤은 등불을 가까이 하여 글 읽기에 좋음을 이르는 말.

형설지공(螢雪之功)

반딧불 · 눈과 함께 하는 노력이라는 뜻으로, 고생을 하면서 부지런하고 꾸준하게 공부하는 자세를 이르는 말.

형창설안(螢窓雪案)

반딧불이 비치는 창과 눈이 비치는 책상이라는 뜻으로, 어려운 가운데서도 학문에 힘씀을 비유한 말

독서삼매(讀書三昧)

다른 생각은 전혀 아니하고 오직 책 읽기에만 골몰하는 경지.

가족에 관한 고사성어

가화만사성(家和萬事成)
가정이 화목하면 모든 일이 뜻대로 이루어짐.

강근지친(强近之親)
아주 가까운 친척.

골육지정(骨肉之情)
가까운 친족끼리의 의로운 정분.

골육지친(骨肉之親)
부모 · 자식 · 형제 · 자매 등의 가까운 혈족.

난득자형제(難得者兄弟)
형제는 인력으로 얻어지는 것이 아니므로 형제간에는 서로 의가 좋아야 한다.

동기지친(同氣之親)
형제간의 친애.

수신제가(修身齊家)
자기의 몸을 닦고 집안 일을 잘 다스림.

수족지애(手足之愛)
형제간의 우애.

여족여수(如足如手)

수족처럼 형제간의 정이 두터움을 비유한 말. 형제는 몸에서 떼어놓을 수 없는 팔다리와 같다는 말.

욕급부형(欲及父兄)

자식의 잘못이 부모 형제까지 욕되게 한다.

우적쟁사(遇賊爭死)

한나라에 조효(趙孝)라는 사람의 동생인 예(禮)가 적군의 포로가 되었다. 형제간의 우애가 깊던 조효는 적진으로 가서 동생 대신에 자신을 죽여달라고 간청했다. 적장이 그 형제애에 감동하여 풀어주었다는 고사.

호부견자(虎父犬子)

호랑이 아비에 개새끼라는 뜻으로 잘난 아버지에 비해 못난 자식을 일컫는 말.

말(언어)에 관한 고사성어

甘言利說(감언이설)
달콤한 말과 이로운 조건만 들어 그럴듯 하게 꾸미는 말

忠言逆耳(충언역이)
바른말은 귀에 거슬리지만 자신을 이롭게 함.

巧言令色(교언영색)
환심을 살려고 아첨하는 교묘한 말과 좋게 꾸미는 얼굴 빛.

身言書判(신언서판)
인물평가의 기준을 삼았던 몸, 말씨. 글씨 그리고 판단력.

語不成說(어불성설)
하는 말이 조금도 이치에 맞지 않음.

一言之下(일언지하)
한마디로 딱 잘라서 말함.

良藥苦口(양약고구)
좋은 약은 입에 쓰다.

사람에 관한 고사성어

감탄고토(甘呑苦吐)
신의를 지키지 않고 자기 비위에 맞으면 갖고 싫으면 내어 버림.

면종복배(面從腹背)
겉으로는 복종하는 체하면서 속으로는 배반함.

배은망덕(背恩忘德)
남에게 입은 은덕을 잊고 배반함.

과감지기(果敢之氣)
날카롭고 강한 기질.

관후장자(寬厚長者)
너그럽고 점잖은 사람.

낭자야심(狼子野心)
늑대의 새끼는 작아도 흉포한 짐승의 속성이 있어서, 키우기 어려운 일이다. 그것과 마찬가지로, 흉포한 사람의 마음을 교화하기란 어렵다는 말이다.

무골호인(無骨好人)
아주 순하여 여러 사람과 두루 맞는 사람.

본연지성(本然之性)
사람이 태어날 때부터 가지고 있는 착한 천성.

성유단수(性猶단水)
사람의 본성은 물 흐르듯이 착하게도 될 수 있고 악하게도 될 수 있다.

온유겸손(溫柔謙遜)
성질이 온화하고 점잖고 거만하지 않음.

온후독실(溫厚篤實)
성질이 유순하고 태도가 부드러움.

운상기품(雲上氣品)
속됨을 벗어난 인간의 고상한 기질과 성품.

일무차착(一無差錯)
성격이 침착하고 치밀하여 어려운 일을 처리함에도 빈틈이 없다.

청풍명월(淸風明月)
맑은 바람과 밝은 달이라는 뜻으로, 결백하고 온건한 성격을 평하여 이르는 말. 또, 풍자와 해학으로 세상사를 논함을 비유하여 이르는 말.

평이정직(平易正直)
성질이 평탄하고, 단순하고, 바르고, 곧다.

호랑지심(虎狼之心)
성질이 거칠고 사나워 인자하지 못한 마음.

성격에 관한 고사성어

패기발랄(覇氣潑剌)
성격이 매우 진취적이고 패기가있음

평이근인(平易近人)
성격과 태도가 부드러워 다른 사람이 쉽게 접근할 수 있음

경거망동(輕擧妄動)
경솔하여 생각 없이 망령되게 행동함.

일사천리(一瀉千里)
강물이 쏟아져 단번에 천리를 간다는 뜻으로 그 형세가 빠르고 급함을 이르는 말

산전수전(山戰水戰)
산과 물에서 싸웠다는 말로, 온갖 고생과 시련을 겪어 경험이 많다는 뜻

백전노장(百戰老將)
아주 경험이 많고 노련한 장수

자연의 아름다움을 나타내는 고사성어

산고수청(山高水青)
산은 높고 물은 맑음. 경치가 좋음을 이르는 말.

고봉준령(高峰峻嶺)
높이 솟은 봉우리와 험준한 산마루.

만휘군상(萬彙群象)
세상 만물의 형상. 삼라 만상.

울울창창(鬱鬱蒼蒼)
큰 나무들이 빽빽하게 들어서 푸르게 우거진 모양.

녹양방초(綠楊芳草)
푸른 버들과 아름다운 풀.

만화방창(萬化方暢)
따뜻한 봄이 되어 온갖 생물이 나서 자람.

적막공산(寂寞空山)
적막한 깊은 산.

백화제방(百花齊放)
여러 가지 수많은 꽃이 일제히 핌. 학문 · 예술의 번창.

강호연파(江湖煙波)
강이나 호수 위에 안개처럼 보얗게 이는 잔 물결. 대자연의 풍경.

사시장청(四時長青)
소나무나 대나무처럼 식물의 앞이 일년 내낸 푸름.

만고강산(萬古江山)
오랜 세월을 통하여 변함이 없는 산천.

기화요초(琪花瑤草)
옥같이 고운 꽃과 풀.

막막궁산(莫莫窮山)
적막하도록 깊고 깊은 산속. 인적을 찾을 수 없는 것.

삼수갑산(三水甲山)
산골 오지.

산간오지(山間奥地)
깊은 산 속의 매우 구석진 곳.

청풍명월(清風明月)
맑은 바람과 밝은 달.

만경창파(萬頃蒼波)
끝없이 너른 바다.

잔월효성(殘月曉星)
새벽달과 새벽별.

구절양장(九折羊腸)
아홉 번 꺽인 양의 창자란 뜻으로, 꼬불꼬불하고 험한 산길을 이르는 말.

진국명산(鎭國名山)
지덕(지덕)으로 한나라를 편안하게 하는 명산.

산간벽지(山間僻地)
아주 구석지고 후미진 산골.

일망무제(一望無際)
아득하게 멀고 넓어서 끝이 없음.

산자수명(山紫水明)
산수의 경치가 썩 좋음. 산명 수자.

연비어약(鳶飛魚躍)
자연스럽게 하늘에 솔개가 날고 물 속에 고기가 뛰노는 것과 같은 천지 조화의 작용이 오묘함을 이름.

삼라만상(森羅萬象)
우주 사이에 벌여 있는 온갖 사물과 현상. 만휘 군상.

계절에 관련된 고사성어(봄)

낙화유수(落花流水)
떨어지는 꽃과 흐르는 물이란 뜻으로, 가는 봄의 정경을 나타낸 말. 남녀 서로 그리워하는 심정을 비유한 말.

마이동풍(馬耳東風)
말귀의 봄바람. 곧 남의 말을 귀담아 듣지 않음.

만화방창(萬化方暢)
봄날이 되어 만물이 나서 자람.

양춘화기(陽春和氣)
봄철의 따뜻하고 맑은 기운.

춘치자명(春雉自鳴)
봄 꿩이 제 울음에 죽는다. 제 허물을 제 스스로 드러내어 화를 당한다.

춘풍추우(春風秋雨)
봄철에 부는 바람과 가을에 내리는 비. 곧 지나가는 세월을 가리키는 말.

춘풍화기(春風和氣)
봄날의 화창한 기운

춘한노건(春寒老健)
'봄 추위와 늙은이의 건강"이라는 말로, '곧 사물이 오래 가지 못함' 을 비유.

춘화경명(春和景明)
봄날이 화창하고 山水의 경치가 맑고 아름다움.

계절에 관련된 고사성어(여름)

녹음방초(綠陰芳草)
'나뭇잎이 푸르게 우거진 그늘과 아름답게 우거진 향기로운 풀' 이라는 뜻으로,주로 여름철의 자연경치를 이르는 말.

비아부화(飛蛾赴火)
여름의 벌레가 날아서 불 속에 들어감. 〈비유〉 멸망을 자초함. 스스로 위험한 곳에 들어감.

장장하일(長長夏日)
길고 긴 여름 해.

하로동선(夏爐冬扇)
여름의 화로와 겨울의 부채.
① '격이나 철에 맞지 않거나 쓸데없는 사물' 을 비유하는 말.
② '아무 소용없는 말이나 재주' 를 비유하여 이르는 말.

하선동력(夏扇冬曆)
여름의 부채와 겨울의 책력(冊曆). 곧 철에 맞게 선사하는 물건을 일컬음.

하월비상(夏月飛霜)
중국 夏나라의 桀王이나 周나라의 幽王 등이 포악무도하였으므로, 여름철에도 서리가 내리는 天變이 있었음을 이르는 말.

하충어빙(夏蟲語氷)
여름 벌레는 얼음이 찬 것을 모름. 사람의 견식이 좁음.

하충의빙(夏蟲疑氷)
여름에만 사는 벌레는 얼음이 어는 것을 의심한다는 뜻으로, 견문이 좁은 사람이 공연스레 의심함을 비유하는 말.

계절에 관련된 고사성어(가을)

국오수벽(菊傲水碧)
국화가 뽐내고 물이 비취처럼 파랗게 보임. 가을을 형용하는 말.

등화가친(燈火可親)
가을이 되어 서늘하면 밤에 등불을 가까이하여 글읽기에 좋다는 뜻.

만산홍엽(滿山紅葉)
온 산이 단풍으로 붉게 물듦. (가을 경치)

만산홍엽(滿山紅葉)
가득한 산의 붉은 잎사귀. 즉, 온 산의 붉게 물든 단풍잎.

만추가경(晩秋佳景)
늦가을의 아름다운 경치.

신량등화(新凉燈火)
가을의 서늘한 기운이 처음 생길 무렵에 등불 밑에서 글읽기가 좋다.

오상고절(傲霜孤節)
서리에도 굴하지 않고 외로이 지키는 절개. 가을철에 고고히 피는 '국화(菊花)' 를 비유.

일엽지추(一葉知秋)

'하나의 낙엽을 보고 가을이 왔음을 알다' 라는 뜻으로 '사소(些少)한 것으로써 큰 것을 알며, 부분적인 현상으로써 사물의 본질(本質)이나 전체, 발전 추세(趨勢) 등을 미뤄 알게 됨 '을 비유한 말.

정안홍엽(征雁紅葉)
기러기 날아들고 단풍이 물듦. 가을을 형용하는 말.

천고마비(天高馬肥)
가을 하늘은 맑게 개어 높고 말은 살찐다는 뜻으로, 가을이 좋은 시절임을 이르는 말.

추상열일(秋霜烈日)
가을의 찬 서리와 여름의 뜨거운 태양이라는 뜻으로 지조(志操)나 권위, 위력 따위가 무척 엄함을 일컫는 말

추상지계(秋霜之戒)
'서리가 내리면 머지 않아 얼음이 언다' 는 데서, '어떤 조짐을 보고 앞날의 화(禍)를 경계하라' 는 훈계의 말.

추소명월(秋宵明月)
달 밝은 가을 밤.

추수양안(秋水兩眼)
가을 물과 같이 맑고 깨끗한 두 눈.

추야여세(秋夜如歲)

'가을밤이 한 해같이 느껴진다' 는 뜻으로, '가을 밤이 긴 것' 을 이름.

추월한강(秋月寒江)

'가을달과 차가운 강' 이라는 뜻으로, '유덕(有德)한 사람의 맑은 마음' 을 비유.

추풍과이(秋風過耳)

'가을 바람이 귀를 스쳐간다' 는 뜻으로, '어떤 말을 조금도 마음에 두지 않음' 을 이르는 말. 어떤일에 집념하지 않음.

추풍낙엽(秋風落葉)

① 가을 바람에 흩어져 떨어지는 잎. ② 가을 바람에 나뭇잎이 떨어져 흩날림과 같이 산산히 떨어짐을 이름. ③ 낙엽처럼 '어떤 형세나 판국, 세력 같은 것이 시들어 떨어짐' 을 비유하여 이름.

추풍단선(秋風團扇)

'가을철의 부채' 라는 뜻으로, '제 철이 지나서 아무 쓸모없이 된 물건' 을 비유하여 이르는 말.

추호불범(秋毫不犯)

마음이 매우 깨끗하여 남의 것을 조금도 건드리지 않음을 일컫는 말

계절에 관련된 고사성어(겨울)

동빙가절(凍氷可折)
흐르는 물도 얼음이 되면 손쉽게 부러진다는 말. 사람의 강유(剛柔)의 성질도 때에 따라서 달라짐.

동빙한설(凍氷寒雪)
얼음이 얼고 눈보라가 치는 추위.

만고풍설(萬古風雪)
오랫동안 겪어 온 많은 쓰라린 고생.

박빙여림(薄氷如臨)
살얼음에 임한 것 같음. 〈비유〉 대단히 위태함.

설니홍조(雪泥鴻爪)
눈 위에 지나간 기러기의 발자취가 눈이 녹은 뒤에는 흔적 없이 사라지는 것처럼 인생의 자취도 흔적 없음을 비유하고 쓰는 말. 설니는 눈이 녹아 진흙으로 질퍽거리는 길이라는 뜻이며, 홍조는 큰 새의 발톱자국임.

설지우목(雪至牛目)
눈이 많이 와서 그 높이가 소의 눈에 이른다는 말.

설상가상(雪上加霜)
눈 위에 서리가 내림. 어려운 상황에서 더욱 처지가 곤란해짐.

설중송백(雪中松柏)
소나무와 잣나무는 눈 속에서도 그 빛이 변하지 않는다. 지조와 절개가 높고 굳음을 이름.

세한고절(歲寒孤節)
겨울철에도 홀로 푸른 대나무를 비유하는 말.

세한송백(歲寒松柏)
소나무와 측백나무는 엄동에도 변색되지 않는다는 말로, 군자는 역경에 처하여도 절의를 변치 않음을 비유하는 말.

엄동설한(嚴冬雪寒)
눈 내리는 매우 추운 겨울을 이르는 말.

천한백옥(天寒白屋)
추위를 맞은 가난한 집. 추운 날씨에 가난한 집.

숫자가 들어가는 고사성어

일석이조(一石二鳥)

돌 하나로 두 마리의 새를 잡음. 한 가지 일을 하여 두 가지 이로움을 얻음의 비유.

이인동심(二人同心)

둘이서 한마음. 아주 친밀한 사이.

삼십육계(三十六計)

① 36가지의 계략으로 많은 꾀를 말함.
② 형편이 불리하면 도망감.

사사오입(四捨五入)

끝자리가 4이하이면 버리고 5이상이면 올려서 계산하는 반올림 방법

오수부동(五獸不動)

쥐, 고양이, 개, 범, 코끼리가 만나면, 서로 두려워하고 꺼리어 움직이지 못한다는 말. 쥐는 고양이를, 고양이는 개를, 개는 범을, 범은 코끼리를, 코끼리는 쥐를 서로 두려워하고 꺼리기 때문. 사회 조직이 서로 견제하는 여러 세력으로 이루어져 있음을 비유.

육법전서(六法全書)

헌법, 민법, 상법, 형법, 민사소송법, 형사소송법의 여섯 가지 법률과 그에 따른 법규 등을 모아 엮은 책

칠전팔기(七顚八起)

일곱 번 넘어지고 여덟 번 일어남. 여러 번 실패해도 굽히지 않고 분투함

팔방미인(八方美人)

어느 모로 보나 아름다운 미인. 여러 방면의 일에 능통한 사람. 깊이는 없이 여러 방면에 조금씩 손대는 사람을 가리킴

구우일모(九牛一毛)

아홉 마리의 소 가운데에서 뽑은 한 개의 소털만큼 아주 많은 것 가운데서 극히 적은 것을 말함

십시일반(十匙一飯)

열 사람이 한 술(숟가락)씩 보태면 한 사람 먹을 분량이 됨. 여러 사람의 작은 도움도 모이면 큰 도움이 된다는 뜻.

고사성어

국가고시
수능, 논술,
취업, 면접,
승진 대비

법문북스

가인박명 佳人薄命

(아름다울 가, 사람 인, 엷을 박, 목숨 명)

'아름다운 사람은 운명이 얇다'는 말로, 여자의 용모가 너무 아름다우면 운명이 기박함을 이르는 뜻.

출전

중국 송대의 시인 동파 소식(蘇軾)의 시 〈박명가인시(薄命佳人詩)〉의 한 구절인 '자고가인다박명(自古佳人多薄命)'에서 유래되었다. 자고가인다박명(自古佳人多薄命)의 내용은 소식이 양주지방장관으로 재직하고 있을 때 30세가 넘은 어여쁜 여승의 파란만장한 삶을 유추해 시로 표현한 것이다.

가정맹어호 苛政猛於虎

(가혹할 가, 정사 정, 사나울 맹, 어조사 어, 범 호)

'가혹한 정치는 호랑이보다 더 사납다'는 말로, 가혹한 정치는 백성들에게 있어 호랑이에게 잡혀 먹히는 고통보다 더 무섭다는 뜻.

출전

춘추시대 말엽, 공자의 고국인 노나라에서는 계손자의 가렴주구로 백성들이 도탄에 빠져 있었다. 어느 날, 공자가 수레를 타고 제자들과 태산기슭을 지나갈 때 호랑이에게 모든 가족을 잃어 슬피 울고 있는 부인을 만났다. 공자가 부인의 연유를 듣고 제자들에게 남긴 말이다.

각주구검 刻舟求劍

(새길 각, 배 주, 구할 구, 칼 검)

'배에 새겨 칼을 구한다'는 말로, 어리석고 미련하여 융통성이 없음을 이르는 뜻.

출전

전국시대, 초나라의 한 젊은이가 양자강을 건너다가 실수로 손에 들고 있던 칼을 강물에 빠뜨렸다. 젊은이는 곧바로 허리춤에서 단검을 빼어 칼을 떨어뜨린 곳의 뱃전에다 표시했다. 배가 나루터에 닿자 칼을 찾기 위해 표시된 뱃전 밑의 강물 속으로 뛰어들었다는 내용에서 유래되었다.

간담상조 肝膽相照

(간 간, 쓸개 담, 서로 상, 비칠 조)

'서로 간과 쓸개를 꺼내 보인다'는 말로, 상호간에 진심을 터놓고 격의 없이 사귐을 이르는 뜻.

출전

당송팔대가 중 두 명문대가에 한유와 유종원이 있었다. 이들은 고문부흥(古文復興)운동을 제창한 문우이며 절친한 친구였다. 당나라 11대 황제인 헌종 때 유주 자사로 좌천되었던 유종원이 죽자 한유가 진정한 우정을 찬양하고, 이어 경박한 사귐을 증오한 내용을 쓴 묘지명(墓地銘)에서 유래되었다.

간장막야 干將莫耶

(방패 간, 장수 장/장차 장, 없을 막, 어조사 야)

'명검도 사람의 손이 가야만 빛난다'는 말로, 사람도 교육을 통해 선도해야만 역량을 발휘할 수 있다는 뜻.

강노지말 强弩之末

(굳셀 강, 쇠뇌 노, 어조사 지, 끝 말)

'힘차게 나간 화살도 어느 지점에서는 힘없이 떨어진다'라는 말로, 아무리 강한 군사도 쇠퇴하는 시기가 되면 아무것도 해내지 못한다는 뜻.

개과천선 改過遷善

(고칠 개, 허물 과, 옮길 천, 착할 선)

지나간 허물을 고치고 착하게 됨을 이르는 뜻.

개권유익 開卷有益

(열 개, 책 권, 있을 유, 유익할 익)

'책을 열면 유익함이 있다'는 말로, 책은 읽지 않고 펼치기만 해도 유익함을 이르는 뜻.

출전

송나라 황제 태종은 책읽기를 좋아한 나머지 학자 이방 등에게 명하여 방대한 사서(辭書)를 편찬케 했다. 7년 만에 완성된 이 사서는 모두 1천여 권으로 '태평총류(太平總類)'라는 이름을 붙였다. 태종은 매일 두세 권씩 책을 읽었는데, 신하들이 좀 쉬어가면서 읽으라고 간했다. 이때 태종이 신하들에게 말한 것에서 이 고사성어가 유래되었다.

거안제미 擧案齊眉

(들 거, 책상 안, 가지런할 제, 눈썹 미)

'아내가 밥상을 눈썹과 가지런하도록 공손히 들어 남편 앞에 가지고 간다'는 말로, 아내가 남편을 깍듯이 공경함을 이르는 뜻.

출전

후한 때 풍군 평릉현에 가난하지만 절개가 곧은 양홍(梁鴻)이라는 사람이 살았다. 맹광(孟光)은 같은 현에 살고 있는 못생긴 노처녀로 양홍에게 시집오겠다는 말을 듣고 그는 그녀에게 청혼했다. 하지만 7일이 지나도 소식이 없자 맹광이 그 이유를 물었는데, 이때 양홍이 말한 것을 그녀가 지켰다는 것에서 유래되었다. 즉 아내의 내조로 남편이 성공했다는 명언이다.

거재두량 車載斗量

(수레 거, 실을 재, 말 두, 헤아릴 량)

수레에 싣고 말(斗)로 셈할 수 있을 정도. 헤아릴 수 없을 정도로 많은 인재를 뜻함.

출전

《삼국지(三國志)》 '오주손권전(吳主孫權傳)'에 장송(張松)이 등장한다.

그는 익주목사 유장(劉璋) 밑에서 일했다. 어느 날 유장이 장로(張魯)의 공격을 받자 장송은 조조에게 도움을 청하러 갔다. 그러나 조조는 그를 업신여겨 사흘 후에나 만나주었다. 장송이 한창 조조를 설득할 때 양수(楊修)가 들어와 그의 의도된 말을 비꼬자 되받아친 대답에서 유래되었다.

건곤일척 乾坤一擲

(하늘 건, 땅 곤, 한 일, 던질 척)

'하늘과 땅을 걸고 한 번 주사위를 던진다'는 말로, 운명과 흥망을 걸고 단판걸이로 승부나 성패를 겨룸을 이르는 뜻.

출전

중국 당(唐)나라 제일의 문장가 한유(韓愈)가 옛날 항우(項羽)와 유방(劉邦)이 싸우던 홍구(鴻溝)라는 곳을 지나다가 초(楚)와 한(漢)의 옛일이 생각나서 지은 〈과홍구(過鴻溝)〉라는 칠언절구(七言絕句), 즉 龍疲虎困割川原億萬蒼生性命存 誰勸君王回馬首 眞成一擲賭乾坤(용피호곤할천원 억만창생성명존 수권군왕회마수 진성일척도건곤)에서 유래되었다.

걸해골 乞骸骨

(빌 걸, 뼈 해, 뼈 골)

'해골을 빈다'는 말로, 늙은 재상이 나이가 많아 조정에 나오지 못하게 될 때 임금에게 그만두기를 주청함을 이르는 뜻.

출전

항우에게 쫓긴 유방이 형양(하남성)으로 도망쳤을 때의 일이다. 유방이 휴전을 제의했지만 범증의 반대로 무산되자, 유방의 참모 진평은 범증이 유방과 내통하고 있다는 헛소문을 퍼뜨렸다. 이에 항우는 은밀히 유방에게 사신을 보냈고, 진평의 계략에 말린 사신들의 보고를 받은 항우는 범증의 모든 권리를 박탈했다. 이때 범증이 크게 노하면서 했던 말에서 유래되었다.

♣소찬(素饌):① 고기나 생선이 들어가지 아니한 반찬.
② 남에게 식사를 대접할 때의 겸양의 말.

격물치지 格物致知

(이를 격, 만물 물, 이를 치, 알 지)

1)사물의 이치를 연구하여 후천적인 지식을 명확히 함(주자의 설), 2)낱낱의 사물에 존재하는 마음을 바로잡고 선천적인 양지(良知)를 갈고 닦음(왕양명의 설).

출전

사서(四書)중 하나인 ≪대학(大學)≫의 팔조목(八條目:格物, 致知, 誠意, 正心, 修身, 齊家, 治國, 平天下)의 처음 두 조목을 가리키는데, 이 말은 본래의 뜻이 밝혀지지 않아 후세에 그 해석을 놓고 여러 학파(學派)가 생겨났다. 그 중에서 대표적인 것이 주자학파(朱子學派: 程伊川 · 朱熹)와 양명학파(陽明學派: 陸象山 · 王陽明)이다.

견금여석 見金如石

(볼 견, 돈 금, 같을 여, 돌 석)

'금보기를 돌같이 한다'는 말로, 청렴과 용맹을 겸한 장수이거나, 부모의 뜻과 가르침을 잘 지키는 효자를 이르는 뜻.

출전

최영은 창원 사람으로 고려 우왕(禑王)때의 명장이다. 그가 명장이 되는 데 영향을 받은 것은 그의 아버지 元直(원직)의 유언인 "너는 반드시 금보기를 돌같이 하라"였다. 그는 이 말을 글로 써서 평생 동안 옷에 차고 다녔다. 그래서 그는 일국의 장수로서 비좁은 집에서 살면서도 한마디 불평이 없었고, 검소하게 생활하여 사치한 사람을 보면 개나 돼지같이 여겼다.

견토지쟁 犬兎之爭

(개 견, 토끼 토, 어조사 지, 다툴 쟁)

'개와 토끼의 다툼'이란 말로, 양자의 다툼에 제삼자가 힘들이지 않고 이득을 본다는 뜻.

출전

전국시대, 제나라 왕에게 중용된 순우곤은 해학과 변론이 뛰어난 세객(說客)이었다. 제나라 왕이 위나라를 치려고 하자 순우곤이 나서서 진언한 말에서 유래되었다. 즉 제나라 왕이 그의 말을 듣고 위나라를 칠 생각을 깨끗이 버리고 오로지 부국강병(富國强兵)에 힘썼다고 한다.

결초보은 結草報恩

(맺을 결, 풀 초, 갚을 보, 은혜 은)

'풀을 맺어 은혜를 갚다'라는 말로, 죽어 혼령이 되어서라도 은혜를 잊지 않고 갚는다는 뜻.

출전

춘추시대 진나라의 위무자(魏武子)가 병이 들어 아들 과(顆)에게 정신이 맑을 땐 개과를 혼미할 땐 순사(殉死-죽은 이와 함께 묻는 것)해달라고 유언했다. 그가 죽자 전자의 유언대로 서모를 개가시켰다. 그 후 진환공이 진나라를 침략, 보씨 싸움에서 두회(杜回)에게 위과가 밀렸다. 그때 한 노인이 나타나 두회의 발 앞의 풀을 엮어(結草) 넘어지게 하여 위과가 그를 사로잡을 수 있게 하였다는 말에서 유래되었다.

경국지색 傾國之色

(기울 경, 나라 국, 어조사 지, 빛깔 색)

'나라를 위태롭게 할 정도의 아름다운 여자의 얼굴'이란 말로, 뛰어난 미인을 이르는 뜻.

출전

유방의 부모와 처자가 항우에게 사로잡혔다. 이때 후공(侯公)이 항우를 설득하여 풀려나게 하자 이에 유방이 감탄하여 말한 것에서 경국(傾國)이란 말이 사용되었다. 처음에는 단지 나라를 위태롭게 한다는 의미로 사용되었다가 이후 한무제 때 이연년(李延年)이 무제를 위해 지어 바친 노래를 통해 경국지색(傾國之色)은 절세의 미인을 지칭하는 말로 쓰이게 되었다.

계구우후 鷄口牛後

(닭 계, 입 구, 소 우, 뒤 후)

'닭의 부리가 될지언정 쇠꼬리는 되지 말라'는 말로, 큰 집단의 말석보다는 작은 집단의 우두머리가 낫다는 뜻.

출전

전국시대 중엽, 동주의 도읍 낙양에 소진(종횡가)이란 사람이 있었다. 그는 합종책으로 입신할 뜻을 품고, 당시 최강국인 진나라의 동진정책에 전전긍긍하고 있는 한위조연제초의 6국을 순방하던 중 한나라 선혜왕을 알현하면서 말한 내용에서 유래되었다. 이후 그는 이런 식으로 6국의 군왕을 설득하여 마침내 여섯 나라의 재상을 겸임하는 대정치가가 되었다.

군계일학 群鷄一鶴

(무리 군, 닭 계, 한 일, 학 학)

'닭의 무리 속에 한 마리의 학'이라는 말로, 평범한 사람들 가운데 뛰어난 한 사람이 섞여 있음을 이르는 뜻.

출전

위진 시대, 완적완함혜강산도왕융유령상수로 불리던 죽림칠현(竹林七賢) 중 위나라 중산대부인 혜강이 억울하게 죽임을 당했다. 그때 혜강에게는 나이 어린 아들 혜소가 있었다. 혜소가 성장하자 중신 산도가 그를 무제에게 천거했다. 혜소가 입궐하던 그 이튿날, 그를 본 어떤 사람이 자못 감격하여 왕융에게 말한 내용에서 유래되었다.

계륵 鷄肋

(닭 계, 갈빗대 륵)

'먹자니 먹을 것이 별로 없고 버리자니 아까운 닭갈비'란 말로,
1)쓸모는 별로 없으나 버리기는 아까운 사물을 이르거나,
2)닭갈비처럼 몸이 몹시 허약한 몸을 이르는 뜻.

출전

1)후한 말. 조조(曹操)는 대군을 이끌고 익주(益州)를 차지하고 한중왕 유비(劉備)를 치기위해 원정을 떠났다. 유비는 제갈량의 계책에 따라 정면대결을 피하고 보급로만 차단했다. 이에 조조는 배가 고파 도망치는 군사를 보고 전군에 '계륵(鷄肋)'이라고 명령했다. 이것은 조조가 한중을 닭갈비 같은 땅으로 생각했다는 것에서 유래되었다.

계명구두 鷄鳴拘盜

(닭 계, 울 명, 개 구, 도둑 도)

'닭의 울음소리를 잘 내는 사람과 개 흉내를 잘 내는 좀도둑'이라는 말로, 1)고상한 학문은 없고 천박한 꾀를 써서 남을 속이는 사람, 2)천한 기능을 가진 사람도 때로는 쓸모가 있음을 비유한 뜻.

출전

전국시대 진나라 소양왕(昭襄王)은 맹상군(孟嘗君)을 초청해 그를 죽이려 했다. 이에 맹상군은 식객인 구도를 시켜 진왕에게 선사했던 호백구를 훔쳐서 진왕의 총비에게 주고 구원을 요청하였다. 무사히 빠져나온 일행이 함곡관(函谷關)에 이르렀을 때 관문이 굳게 닫혀 있었다. 관문은 닭의 울음소리가 들려야 열리게 되어 있었다. 따라서 계명에게 닭의 울음소리를 내게 해 새벽인 것처럼 꾸며 관문을 빠져 나왔다고 것에서 유래되었다.

계포일낙 季布一諾

(끝 계, 베 포, 한 일, 허락할 낙)

'계포가 승낙함'이란 말로, 한 번 약속하면 반드시 지킨다는 뜻.

출전

계포는 항우와 유방이 천하를 다툴 때, 항우의 대장으로 용맹을 떨쳤던 인물로 자신이 한 약속은 반드시 지키는 신의 있는 사람이었다. 항우가 마지막 싸움에서 패하고 유방은 계포를 찾아 죽이려고 했다. 그렇지만 사람들은 유방에게 그를 천거했다. 그는 유방에게 충성하면서 의로운 일에 힘썼다.

고굉지신 股肱之臣

(넓적다리 고, 팔뚝 굉, 어조사 지, 신하 신)

'다리와 팔뚝에 비길 만한 신하'라는 말로, 군왕이 가장 신임하는 신하를 가리키는 뜻.

출전

《서경(書經)》〈익직편(益稷篇)〉. 순(舜)임금이 어느 날 신하들에게 말하기를 "臣作朕股肱耳目 予欲左右有民汝翼 予欲宣力四方汝爲"(그대들과 같은 신하들은 짐의 팔과 다리요 눈과 귀로 내가 백성들을 위해 돕고자 하니 그대들이 대신해 달라)라는 말에서 유래되었다. 이처럼 순임금은 신하들이 자신을 잘 보좌하여 제도와 형벌에 대해 힘써 줄 것을 당부했다.

고복격양 鼓腹擊壤

(북 고, 배 복, 칠 격, 땅 양)

'배를 두드리고 발을 구른다'는 말로, 태평성대를 이르는 뜻.

출전

요임금이 선정을 베풀어 온 지도 어느덧 50년이 지났다. 그러던 어느 날, 요임금은 정말로 세상이 잘 다스려지고 있는지 보기위해 암행을 나갔다. 어느 네거리에 이르자 아이들은 손을 맞잡고 요임금을 찬양하고 있었으며, 마을 끝에는 한 노인이 손으로 배를 두드리고(鼓腹) 발로 땅을 구르며(擊壤) 노래를 부르고 있었다는 것에서 유래되었다.

고성낙일 孤城落日

(외로울 고, 성 성, 떨어질 낙, 해 일)

'적군 속에 고립된 성과 서산으로 지는 해'라는 말로, 세력이 다하여 의지할 곳이 없는 외로운 처지를 이르는 뜻.

출전

왕유(王維)의 칠언절구(七言絕句) 《송위평사(送韋評事)》에서 유래되었다. 내용은 "欲逐將軍取右賢 沙場走馬向居延 遙知漢使蕭關外 愁見孤城落日邊(장군을 좇아 우현을 잡고자, 모래땅에 말을 달려 거연으로 향한다. 멀리서 짐작하노니 한나라 사신이 소관 밖에서, 외로운 성에 지는 해의 언저리를 수심으로 바라볼 것을)이다.

고침안면 高枕安眠

(높을 고, 베개 침, 편안할 안, 잘 면)

'베개를 높이 하여 편히 잘 잔다'는 말로, 무척 마음이 한가하고 여유가 있어 아무런 근심이 없는 상태를 이르는 뜻.

출전

진나라 혜문왕 10년, 장의는 군사를 이끌고 위나라를 침략해 재상이 되었다. 장의는 진나라를 위해 합종을 탈퇴하고 연횡에 가담할 것을 애왕(哀王)에게 권했지만 받아들여지지가 않았다. 그러자 진나라는 본보기로 한나라를 공격해 8만에 이르는 군사를 죽였다. 이 소식에 애왕은 위협을 느껴 불안에 떨었고, 이 기회를 포착한 장의가 애왕에게 한 말에서 유래되었다.

곡학아세 曲學阿世

(굽을 곡, 학문 학, 아첨할 아, 인간 세/대 세)

'학문을 굽히어 세속(世俗)에 아첨한다'는 말로, 정도(正道)를 벗어난 학문으로 세상 사람에게 아첨함을 이르는 뜻.

출전

출전은 《사기》 유림전(儒林傳)이다. 이 말은 중국 한(漢)나라의 경제(景帝) 때, 90세의 고령이지만 강직하기로 이름난 원고(轅固)라는 학자가 엉큼하고 비열한 공손홍(公孫弘)이라는 학자에게 "務正學以言 無曲學以阿世(배운 것을 굽혀 세상에 아부하는 일이 없도록 하게)"라고 충고한 고사에서 비롯된 말이다.

공자천주 孔子穿珠

(구멍 공, 아들 자, 뚫을 천, 구슬 주)

'공자가 구슬을 꿰다'는 말로, 자기보다 못한 사람에게 묻는 것을 수치로 여기지 말라는 뜻.

출전

공자가 어느 날 아홉 구비가 구부러진 구멍이 있는 진기한 구슬을 얻었다. 공자는 그 구슬에 실을 꿰려고 했지만 번번이 실패했다. 그래서 근처에서 뽕을 따고 있는 여인에게 물었다. 아낙이 말한 뜻을 깨달은 공자는 개미를 잡아다가 개미허리에 실을 매었다. 이때 구슬의 한쪽 구멍에 꿀(蜜)을 발라서 개미를 유인하여 마침내 완성한데서 유래 되었다.

공중누각 空中樓閣

(빌 공, 가운데 중, 다락 루, 누각 각)

'공중에 떠 있는 누각(신기루)'이란 말로, 1)내용이 없는 문장이나 쓸데없는 의론(議論), 2)진실성이나 현실성이 없는 일, 3)허무하게 사라지는 근거 없는 가공의 사물을 이르는 뜻.

출전

송나라 학자 심괄이 쓴 박물지(博物誌) 몽계필담(夢溪筆談)에서 유래되었다. 내용은 "登州四面臨海 春夏時 遙見空際城市樓臺之狀 土人謂之海市(등주는 사면이 바다에 임해 봄과 여름철에는 저 멀리 하늘가에 성시누대의 모습을 볼 수 있다. 이곳 사람들은 이것을 해시라고 이른다)"이다. 여기서 '해시'는 '신기루'를 가리키는 말이다.

과유불급 過猶不及

(지날 과, 같을 유, 아니 불, 미칠 급)

정도를 지나침은 미치지 못하는 것과 같다'는 말로, 중용이 중요함을 이르는 뜻.

출전

《논어》〈선진편(先進篇)〉에 나오는 말로, 자공(子貢)이 공자에게 "사(師:子張의 이름)와 상(商:子夏의 이름)은 어느 쪽이 어집니까?" 하고 묻자, 공자는 "사는 지나치고 상은 미치지 못한다"고 대답하였다. "그럼 사가 낫단 말씀입니까?" 하고 반문하자, 공자는 "지나친 것은 미치지 못한 것과 같다(過猶不及)"고 했다. 공자는 중용(中庸)의 도를 말한 것이다.

과전리하 瓜田李下

(오이 과, 밭 전, 오얏 리, 아래 하)

'오이 밭과 오얏나무 아래'라는 말로, 의심받을 짓은 처음부터 하지 말라는 뜻.

출전

《문선(文選)》〈고악부편(古樂府篇)〉의 '군자행(君子行)'에 있는 시구(詩句)에서 유래되었다. 내용은 君子防未然(군자는 미연에 방지하고), 不處嫌疑間(의심받을 곳에 있지 말고), 瓜田不納履(외밭에선 신발을 고쳐 신지 않고), 李下不正冠(오얏나무 밑에선 갓을 고쳐 매지 않는다). '과전이하'는 '과전불납리'와 '이하부정관'에서 따서 성어(成語)한 것이다.

관포지교 管鮑之交

(대롱 관, 절인고기 포, 어조사 지, 사귈 교)

'관중(管仲)과 포숙아(鮑淑牙) 사이와 같은 사귐'이란 말로, 시세(時勢)를 떠나 친구를 위하는 두터운 우정을 이르는 뜻.

출전

《사기(史記)》〈관안열전(管晏列傳)〉에서 유래되었다. 춘추시대 초엽, 제(齊)나라에서 포숙과 관중은 동업했다. 그러나 관중은 이익금을 혼자 독차지하였다. 그렇지만 포숙은 관중이 가난한 탓이라고 이해하였고, 전쟁에 나아가서도 관중이 3번이나 도망쳤지만 포숙은 그를 비겁자라 생각하지 않고 오히려 늙으신 어머님이 계시기 때문이라고 변명해주었다.

괄목상대 刮目相對

(비빌 괄, 눈 목, 서로 상, 마주볼 대/대할 대)

'눈을 비비고 상대를 본다'는 말로, 남의 학식이나 재주가 전에 비하여 딴 사람으로 볼 만큼 부쩍 는 것을 이르는 뜻.

출전

삼국시대 초엽, 오왕(吳王) 손권(孫權)의 신하 장수 여몽(呂蒙)이 있었다. 그는 무식했지만 전공으로 장군이 되었다. 어느 날 여몽은 손권에게 공부하라는 충고를 받았다. 그 후 그는 전지(戰地)에서도 손에서 책을 놓지 않고 학문에 정진했다. 그 후 중신(重臣) 가운데 가장 유식한 재상 노숙(魯肅)이 전지시찰 길에 오랜 친구인 여몽과의 나눈 대화에서 유래 되었다.

광일미구 曠日彌久

(빌 광/멀 광, 날 일, 많을 미, 오랠 구)

오랫동안 쓸데없이 세월만 보낸다는 뜻.

출전

전국시대, 조나라 혜문왕 때의 일이다. 연나라의 공격을 받은 혜문왕은 제나라에 사신을 보내어 명장 전단의 파견을 요청했다. 그러자 조나라의 명장 조사는 재상 평원군에게 "…오랫동안 쓸데없이 세월만 보낼 것입니다(曠日彌久)"라고 항의했다. 평원군이 조사의 말을 무시한 결과 전단이 전략적으로 지연작전을 펴 소모전을 안겨주었던 고사에서 유래되었다.

광풍제월 光風霽月

(빛 광, 바람 풍, 갤 제, 달 월)

'빛나는 바람과 맑은 달'이란 말로, 가슴 속에 맑은 인품을 지닌 사람을 뜻함.

출전

북송(北宋)의 유명한 유학자 주돈이는 옛사람의 풍모가 있으며 올바른 정치를 한 인물이다. 송대의 대표적인 시인 황정견(黃庭堅)이 주돈이의 인품을 다음과 같이 말했다. "주돈이의 인품은 매우 고결하고 가슴속이 맑아서 맑은 날의 바람과 비 개인 날의 달(光風霽月)과 같구나."에서 유래되었다. 또한 주자(朱子)의 시에도 이 고사가 들어있다.

교언령색 巧言令色

(교묘할 교, 말씀 언, 명령할하여금 령, 빛 색)

'발라 맞추는 말과 알랑거리는 태도'라는 말로, 남의 환심을 사기 위해 아첨하는 교묘한 말과 보기 좋게 꾸미는 표정을 이르는 뜻.

출전

《논어(論語)》의 〈학이편(學而篇)〉〈양화편(陽貨篇)〉에서 공자가 거듭 말한 것으로, "巧言令色鮮矣仁(교묘한 말과 아첨하는 얼굴을 하는 사람은 착한 사람이 적다)"에서 유래되었다. 즉, 말을 그럴 듯하게 꾸며대거나 남의 비위를 잘 맞추는 사람, 생글생글 웃으며 남에게 잘 보이려는 사람치고 마음씨가 착하고 진실된 사람은 적다는 뜻이다.

교왕과직 矯枉過直

(바로잡을 교, 굽을 왕, 지날 과, 곧을 직)

'구부러진 것을 바로잡으려다가 너무 곧게 한다'는 말로, 잘못을 바로 잡으려다가 지나쳐서 오히려 나쁘게 됨을 이르는 뜻.

출전

《월절서(越絕書)》에 "子之復仇 臣之討賊 至誠感天 矯枉過直(원수를 갚고 적을 치는 것은 그 지성이 하늘에 통하지만 잘못을 고치려다가 오히려 정도가 지나친다)"라는 구절에서 나왔다. 또 《후한서(後漢書)》 〈중장통전(仲長統傳)〉에서 후한시대의 학자 중장통(仲長統:179~220)이 "復入于矯枉過正之檢"라고 하였다.

교외별전 教外別傳

(가르칠 교, 밖 외, 나눌 별, 전할 전)

'가르침 밖의 특별한 전승'이란 말로, 말이나 문자를 쓰지 않고 따로 마음에서 마음으로 전하는 것을 이르는 뜻.

출전

달마(達磨)에 의해 중국에 전해진 조사선(祖師禪)에서는, 불교의 진수는 어떤 경전의 문구에도 의하지 않고 마음에서 마음으로(以心傳心) 직접체험에 의해서만 전해진다고 말한다. 이는 불립문자(不立文字), 직지인심(直指人心)과 함께 선의 입장을 나타내는 대표적인 말이다. 석가가 언어로써 가르침을 전하는 것이 교내(教內)의 법이라면, 교외(教外)의 법은 석가의 마음을 직접 다른 사람의 마음에 전하는 것을 말한다.

교주고슬 膠柱鼓瑟

(아교 교, 기둥 주, 북 고, 거문고 슬)

'기러기발(안족)을 아교로 붙여 놓고 거문고를 탄다'는 뜻으로, 고집불통이고 고지식해서 변통할 줄 모르는 사람을 이르는 뜻.

출전

조나라 효성왕(孝成王)때의 일이다. 당시 진나라의 대군이 조나라를 공격해 왔는데, 왕은 염파를 장수로 하여 진나라와 대전하게 했다. 강한 진군을 막기 위해 염파가 방어계책으로 응전을 하지 않자 진나라는 이간책을 써서 조나라 왕을 속인다. 이간책에 넘어간 효성왕은 염파와 조괄을 교체하려 했는데, 이때 인상여가 왕에게 간언(諫言)한 말에서 유래되었다.

교칠지심 膠漆之心

(아교 교, 옻 칠, 어조사 지, 마음 심)

'아교와 옻처럼 끈끈함 사귐'이란 뜻으로, 아주 친밀하여 떨어질 수 없는 교분을 이르는 뜻.

출전

당나라 때 백낙천과 원미지는 교서랑시절의 동료로 신악부(新樂府)를 지었는데, 이것이 화근이 되어 두 사람 모두 시골로 좌천되었다. 서로 떨어져 그리워서 백낙천이 원미지에게 쓴 편지 《백씨문집》〈여미지서(與微之書)〉에 나온다. 내용은 "況以膠漆之心 置於湖越之身…(…하물며 아교와 옻칠 같은 마음으로 북쪽 오랑캐 땅에 몸을 두고 있으니 말일세…)"

교토삼굴 狡兎三窟

(교활할 교, 토끼 토, 석 삼, 굴 굴)

'지혜로운 토끼는 구멍 세 개를 파 놓는다'는 말로, 갑작스러운 난관에 대처해 미리 준비해 놓는 것을 뜻함.

출전

맹상군(孟嘗君)의 식객 중에 풍환(馮驩)이라는 사람이 있었다. 제나라 민왕(泯王)은 맹상군의 명성이 두려워 그를 파면시켰다. 이때 그를 따르던 빈객들도 모두 떠났다. 백성들은 달려와 맹상군을 위로해 주었다. 이것이 풍환이 맹상군을 위한 첫 번째 굴이다.

그 다음 풍환은 맹상군으로부터 수레와 돈을 얻어 혜왕(惠王)을 설득했다. 혜왕은 황금 백 일(鎰)과 수레 10승(乘)을 맹상군에게 보냈다. 그러나 맹상군은 풍환의 말에 따라 그것을 받지 않았다. 이 소문은 제나라 민왕에게 들어가 맹상군은 재상직에 복직되었다. 이것이 풍환이 맹상군을 위한 두 번째 굴이다.

풍환은 맹상군에게 설 땅에 선대의 종묘를 세우도록 했다. 이렇게 되면 민왕이 맹상군을 함부로 대하지 못할 것이고, 그의 지위는 더욱 공고해질 것이기 때문이었다. 이것이 풍환이 맹상군을 위한 세 번째 굴인 것이다.

구밀복검 口蜜腹劍

(입 구, 꿀 밀, 배 복, 칼 검)

'입 속에는 꿀을 담고 뱃속에는 칼을 지녔다'는 말로, 말로는 친한 체하지만 속으로는 은근히 해칠 생각을 품고 있음을 비유한 뜻.

출전

당나라 현종(玄宗) 때 재상 이임보(李林甫)가 있었다. 그는 모든 사람들이 두려워했던 전형적인 궁중정치가였다. 그는 양귀비에게 빠져 정사(政事)를 멀리하는 현종의 유흥을 부추기며 조정을 좌지우지했다. 그가 충신들을 제거할 때 먼저 상대방을 한껏 치켜세운 후 뒤통수를 치는 표리부동(表裏不同)한 수법을 썼다. 이런 그를 두고 주변 사람들이 한 말에서 유래되었다.

구사일생 九死一生

(아홉 구, 죽을 사, 한 일, 살 생)

'아홉 번 죽을 고비에 한 번 살았다'는 말로, 죽을 고비를 어렵게 넘겨 살아남을 비유하는 뜻.

출전

굴원은 전국시대 초(楚)나라 시인이며 정치가다. 그의 작품은 서정적인데, 당시 조정 간신들의 발호와 현신을 알아보지 못하는 임금을 원망하는 내용도 있다. 그중 이소(離騷)의 6단에 "…九死猶未其悔(… 그러나 자기 마음에 선하다고 믿고 있기 때문에 비록 아홉 번 죽을지라도 오히려 후회하는 일은 하지 않으리라)라는 구절에서 유래되었다.

구상유치 口尙乳臭

(입 구, 오히려 상, 젖 유, 냄새 취)

'입에서 아직 젖내가 난다'는 말로, 상대가 어리고 말과 행동이 유치함을 얕잡아 일컫는 뜻.

출전

한(漢)의 고조(高祖)가 반란을 일으킨 위왕(魏王)의 장수 백직(柏直)을 보고 한 말에서 유래되었다. 한왕이 한신을 시켜 위왕 표를 치게 하면서 물었다. "유나라의 대장이 누구인고?" 그러자 좌우에 있던 사람들이 대답하였다. "백직(柏直)입니다." 그러자 한왕이 이렇게 말했다. "입에서 젖비린내가 나는구나. 어찌 우리 한신을 당해낼 수가 있겠는가."

구우일모 九牛一毛

(아홉 구, 소 우, 한 일, 털 모)

'아홉 마리의 소 가운데서 뽑은 한 개의 (쇠)털'이라는 말로, 많은 것 중에 가장 적은 것을 이르는 뜻.

출전

사마천(司馬遷)의 《보임안서(報任安書)》에 나온 "假令僕伏法受誅若九牛亡一毛…(설사 내가 복종하여 죽임을 당할지라도 아홉 마리 소에서 한 개의 터럭을 잃는 것과 같아…)"에서 유래되었다. 이와 비슷한 말로 '滄海一粟(바다 속의 좁쌀 한 알)'이라는 말이 있다.

구화지문 口禍之門

(입 구, 재앙 화, 어조사 지, 문 문)

'입은 재앙의 문'이라는 말로, 입은 재앙을 불러들이는 문이라는 뜻.

출전

풍도(馮道)는 당(唐)나라 말기에 태어났다. 그는 당나라 멸망 후 진(晉), 한(漢) 등으로 이어지는 여러 나라에 벼슬을 했다. 풍도가 쓴 설시(舌詩)에서 유래되었다. 그 내용은 다음과 같다. "口是禍之門(입은 곧 재앙의 문이요), 舌是斬身刀)혀는 곧 몸을 자르는 칼이라), 閉口深藏舌(입을 닫고 혀를 깊이 감추면), 安身處處牢(가는 곳마다 몸이 편하다)"

국사무쌍 國士無雙

(나라 국, 선비 사, 없을 무, 쌍 쌍)

'나라 안에 견줄만한 자가 없는 인재'라는 말로, 국내에서 가장 뛰어난 인물을 일컫는 뜻.

출전

《사기(史記)》〈회음후열전(淮陰侯列傳)〉에 나오는 말이다. 한(漢)나라 명신 소하(蕭何)가 한신(韓信)을 한고조 유방(劉邦)에게 대장군으로 추천할 때, "至如信者國士無雙(한신만은 국사로서 둘도 없는 사람입니다)"이란 말에서 유래되었다.

군맹무상 群盲撫象

(무리 군, 소경 맹, 어루만질 무, 코끼리 상)

'여러 소경이 코끼리를 어루만진다'는 말로, 1)범인(凡人)은 모든 사물을 자기 주관대로 그릇 판단하거나 그 일부밖에 파악하지 못함, 2)범인의 좁은 식견을 비유한 뜻.

출전

인도의 경면왕이 어느 날 맹인들에게 코끼리라는 동물을 가르쳐 주기 위해 그들을 궁중으로 불러 모았다. 그런 다음 소경들에게 만져 보라고 했다. 이 이야기에 등장하는 코끼리는 석가모니를 비유한 것이고, 소경들은 밝지 못한 모든 중생들을 비유한 것에서 유래되었다. 즉 모든 중생들이 석가모니를 부분적으로 이해할 수 있다는 것을 말해 주고 있다.

군자삼락 君子三樂

(임금 군, 아들 자, 석 삼, 즐길 락)

군자에게는 세 가지 즐거움이 있다는 뜻.

출전

전국시대, 철인(哲人)으로서 공자의 사상을 계승 발전시킨 맹자(孟子)는 〈맹자(孟子)〉 '진심편(盡心篇)' 에서 유래된 말이다. 내용은 "첫째 즐거움은 양친이 다 살아 계시고 형제가 무고한 것이요. 둘째 즐거움은 하늘을 우러러 부끄러움이 없고 땅을 내려다보아 사람에게 부끄럽지 않은 것이요. 셋째 즐거움은 천하의 영재를 얻어서 교육하는 것이다"이다.

권선징악 勸善懲惡

(권할 권, 착할 선, 징계할 징, 악할 악)

'착한 행실은 권하고 악한 행위는 징계한다'는 말로, 선한 사람은 격려하고 악한 행위를 하는 자를 책망한다는 뜻.

출전

《춘추좌씨전(春秋左氏傳)》에서 유래된 고사다. "春秋之稱微而顯 志而晦 婉而成章 盡而不汚 懲惡而勸善 非聖人誰能修之"(춘추시대의 말은 알기 어려운 것 같으면서도 알기 쉽고, 쉬운 것 같으면서도 뜻이 깊고, 완곡하면서도 정돈되어 있고, 노골적인 표현을 쓰지만 품위가 없지 않으며, 악행을 징계하고 선행은 권한다. 성인이 아니고서야 누가 이렇게 지을 수 있겠는가)

권토중래 捲土重來

(걷을 권, 흙 토, 거듭할 중, 올 래)

'흙먼지를 말아 일으키며 다시 쳐들어온다'는 말로, 한번 실패한 사람이 세력을 회복해서 다시 공격(도전)해 온다는 뜻.

출전

당(唐)나라 말기의 대표적 시인 두목(杜牧)의 칠언절구 《제오강정(題烏江亭)》에 항우의 자살을 애석히 생각하여 "勝敗兵家事不期 包羞忍恥是男兒 江東子弟多才俊 捲土重來未可知(승패는 병가도 기약하지 못한다. 부끄러움을 안고 참을 줄 아는 것이 사나이다. 강동의 자제에는 뛰어난 인물도 많은데 땅을 휘말아 거듭 쳐들어왔으면 알 수 없었을 것을)에서 유래되었다.

귤화위지 橘化爲枳

(귤 귤, 화할 화, 될 위, 탱자 지)

'귤이 변하여 탱자가 되었다'는 말로, 사람도 환경에 따라 변화함을 이르는 뜻.

출전

이 고사는 《안자춘추(晏子春秋)》 '내잡(內雜)'에 나온다. 어느 해, 초(楚)나라의 영왕(靈王)이 제나라의 명재상 안자를 초청했다. 영왕은 안자의 사람됨과 그의 실력을 시험하기 위해 신하들과 작전을 짰다. 그들이 작전대로 안자를 공격했을 때 그는 눈 하나 깜짝이지 않고 대답한 내용에서 유래된 고사다.

금란지교 金蘭之交

(황금 금, 난초 란, 어조사 지, 사귈 교)

'쇠와 같이 굳고 난초와 같이 향기로운 사귐'이란 말로, 견고한 벗 사이의 우정을 이르는 뜻.

출전

《역경(易經)》〈계사전(繫辭傳)〉 상(上)에 실려 있는 공자의 말에서 유래되었다. 그 내용은 "二人同心 其利斷金 同心之言 其臭如蘭"(두 사람의 마음이 같으니 그 예리함이 金石을 자를 수 있고, 같은 마음에서 나오는 말은 그 향기가 蘭과 같다)이다. 이밖에 금란지교, 금석지교(金石之交), 금석지계, 단금지계(斷金之契), 단금지교 등의 말들이 있다.

금상첨화 錦上添花

(비단 금, 위 상, 더할 첨, 꽃 화)

'비단 위에 꽃을 더한다'는 말로, 좋은 일에 겹쳐 또 좋은 일이 일어난다는 뜻.

출전

북송 때 당송(唐宋) 8대 문장가의 한 사람인 왕안석(王安石)이 남경에 은둔할 때 지은 칠언율시(七言律詩)에 나오는 말이다. "嘉招欲覆盃中 麗唱仍添錦上花"(좋은 모임에 잔속의 술을 비우려 하는데, 아름다운 노래는 비단 위에 꽃을 더한다)"에서 비롯하였다.

금슬상화 琴瑟相和

(거문고 금, 비파 슬, 서로 상, 조화 화)

'거문고와 비파의 조화로운 화음처럼 부부사이'라는 말로, 정답고 화목한 것을 이르는 뜻.

출전

《시경(詩經)》에서 유래한 말로 거문고와 비파가 서로 화음이 잘 어울려 연주되듯이 금실이 좋은 부부를 가리킨다. 부부 사이의 다정하고 화목한 즐거움을 나타내는 금슬지락(琴瑟之樂) 또는 금실지락과 같은 뜻이다.

금의야행 錦衣夜行

(비단 금, 옷 의, 밤 야, 다닐 행)

'비단옷을 입고 밤길을 간다'는 말로, 아무 보람이 없는 행동을 자랑스레 함을 이르는 뜻.

출전

《사기(史記)》 〈항우본기(項羽本紀)〉에서 유래되었다. 항우가 진나라를 쳐부수고 모든 궁전을 태우고 돌아가려할 때 부하가 이곳에서 도읍하면 천하를 얻을 것이라고 청했다. 그러자 항우는 "富貴不歸故鄕 如衣繡夜行 誰知之者"(부귀하고 고향에 돌아가지 않는다면 마치 비단옷을 입고 밤길을 가는 것과 같으니 누가 알아줄 사람이 있겠는가)라고 했다. 또 《한서(漢書)》에 의금(衣錦)야행이라 쓰였다가 후에 금의야행으로 변했다.

기사회생 起死回生

(일어날 기, 죽을 사, 돌아올 회, 날 생)

'죽은 사람을 일으켜 다시 살린다'는 말로, 죽음에 임박한 사람을 다시 살려내는 것을 뜻함.

출전

이 고사는 《여씨춘추》 '별류편'에서 유래되었다. 노나라에 公孫綽(공손작)이라는 사람이 있었다. 그는 사람들에게 "나는 죽은 사람을 되살릴 수 있다"고 했다. 이 소리를 들은 사람들이 묻자 이렇게 대답했다. "나는 반신불수를 고칠 수 있습니다. 반신불수를 고치는 약을 두 배로 늘이면 죽은 사람을 일으켜(起死) 다시 살릴 수 있는 것(回生)입니다."라고 했다.

기우 杞憂

(나라이름 기, 근심할 우)

'기나라 사람의 군걱정'이란 말로, 장래의 일에 대해 쓸데없는 걱정을 함을 이르는 뜻.

출전

기인지우(杞人之憂)의 준말로 《열자(列子)》의 〈천서편(天瑞篇)〉에서 유래된 고사. 그 내용을 보면 "杞國有人 憂天地崩墜 身亡無所倚 廢寢食者"(기나라에 한사람이 있었는데, 그는 하늘이 무너지고 땅이 꺼지면 몸 둘 곳이 없음을 걱정한 나머지 침식을 전폐하였다)이다.

기호지세 騎虎之勢

(말 탈 기, 범 호, 어조사 지, 기세 세)

'호랑이를 타고 달리는 기세'라는 말로, 1)일을 계획하고 시작한 다음에 중간에서 그만 둘 수 없는 형편을 비유한 말, 2) (범을 타고 달리는 사람이 도중에서 내릴 수 없는 것처럼) 도중에서 그만 두거나, 물러나거나 할 수 없는 형세를 이르는 말.

출전

이 고사는 수나라 문제(文帝) 양견(楊堅)의 아내인 독고황후(獨孤皇后)가 남편을 격려하여 왕위를 차지하게 하는 "大事已然 騎虎之勢 不得下 勉之"(큰일은 이미 기호지세가 되고 말았으니, 도중에 내릴 수는 없소. 최선을 다하시오) 데서 유래되었다. 이에 양견은 나이 어린 정제(靜帝)를 폐하고 스스로 제위(帝位)에 올라 문제(文帝)라 일컫고 국호를 수(隋)라고 했다.

기화가거 奇貨可居

(기이할 기, 재물 화, 옳을 가/허락할 가, 살 거)

'진귀한 물건을 사 두었다가 훗날 큰 이익을 얻게 한다'는 말로, 1) 좋은 기회를 기다려 큰 이익을 얻음, 2)훗날 이용할 수 있는 사람을 돌봐 주며 기회가 오기를 기다림, 3)기회를 놓치지 않고 잡음을 이르는 말.

출전

《사기(史記)》〈여불위전(呂不韋傳)〉에 나오는 고사다. 장사꾼 여불위가 조나라에 인질로 붙잡혀 있는 하희(夏姬)의 아들 자초(子楚)를 알아보고 "此奇貨可居(진기한 보물이다. 차지할 만하다)라고 했다. 여불위는 그를 도와주면서 뒷날을 굳게 약속했는데, 훗날 장양왕(莊襄王)이 된 자초에 의하여 승상이 되었고 많은 권세를 누렸다.

낙양지가귀 洛陽紙價貴

(물 이름 낙, 볕 양, 종이 지, 값 가, 귀할 귀)

'낙양의 지가를 올리다'라는 말로, 저서가 호평을 받아 베스트셀러가 됨을 이르는 뜻.

출전

진나라시대, 제나라 도읍인 임치 출신의 시인 좌사(左思)가 있었다. 그는 임치에서 〈제도부(齊都賦)〉를 탈고하고 낙양으로 이사한 뒤 삼국시대 촉한의 성도, 오나라의 건업, 위나라의 업 등의 풍물을 읊은 〈삼도부(三都賦)〉를 10년 만에 완성했다. 이것이 시인 장화의 눈에 띄어 낙양의 화제작이 되면서 낙양의 종이 값이 올랐다는데서(洛陽紙價貴) 유래된 고사다.

난의포식 煖衣飽食

(따뜻할 난, 옷 의, 배부를 포, 먹을 식)

'따뜻한 옷에 음식을 배불리 먹는다'는 말로, 생활이 넉넉함을 이르는 뜻.

출전

등문공(滕文公)이 맹자에게 정전법(井田法)에 대해 들은 후 후직(后稷:舜임금 때 농사일을 관장하던 관직)을 시켜 백성들에게 농사짓는 일을 가르치게 하였다. "人之有道也 飽食煖衣逸居 而無敎 則近於禽獸… (사람에게 도가 있으니 배불리 먹고 따뜻하게 입고 편안하게 살지라도 가르침이 없으면 금수에 가까워지게 된다…)라는 말에서 유래되었다.

난형난재 難兄難弟

(어려울 난, 맏 형, 어려울 난, 아우 제)

'누가 형이고 누가 아우인지 분간하기 어렵다'는 말로, 서로 비슷비슷하여 어느 것이 낫고 못함을 말하기 어려움을 이르는 뜻.

출전

《세설신어(世說新語)》에 보면, 한(漢)나라 진원방(陳元方)의 아들 장문(長文)과 그의 사촌인 원방의 동생 계방(季方)의 아들 효선(孝先)이 서로 자기 아버지의 공덕을 우기다가 결말이 없자 할아버지 진식(陳寔)에게 판정을 부탁했다. 그러자 진식이 "元方難爲兄 季方難爲弟(원방도 형 되기가 어렵고 계방도 동생 되기가 어렵다)라고 대답한 것에서 유래되었다.

남전생옥 藍田生玉

(쪽 람, 밭 전, 날 생, 옥 옥)

'남전에서 옥이 나온다'라는 말로, 현명한 아버지가 재능 있는 아들을 낳은 것을 칭찬하는 뜻.

출전

남전은 중국 산시성(陜西省) 남전현(藍田縣)의 동남에 있는 산으로, 예로부터 미옥(美玉)의 산지로 유명하다. 남전이 명옥(名玉)을 산출하듯이 '명문에서 현자(賢者)가 태어난다'라는 뜻으로 부자(父子)를 함께 칭송할 때 쓰는 말이다. 《삼국지(三國志)》〈오서(吳書) 제갈각전(諸葛恪傳)〉에 나오는 고사이다.

남풍불경 南風不競

(남녘 남, 바람 풍, 아니 불, 다툴 경)

'남방의 풍악은 지극히 미약하다'라는 말로, 힘이나 기세가 약한 것을 뜻함.

출전

《춘추좌씨전(春秋左氏傳)》〈양공십팔년조(襄公十八年條)〉편에 있는 고사다. 춘추시대에 찬탈을 꿈꾸던 정(鄭)나라 자공(子孔)은 초(楚)나라 군대를 끌어들여 권력을 장악하려고 했다. 자공의 계략에 말린 초나라 장왕은 정(鄭)을 공격했다. 하지만 정나라가 싸움을 상대하지 않자 군대를 철수했다. 철수 중 큰 비와 추위에 동사자(凍死者)가 많이 나와 전멸하고 말았다.

난중지추 囊中之錐

(주머니 낭, 가운데 중, 어조사 지, 송곳 추)

'주머니 속의 송곳'이란 말로, 재능이 뛰어난 사람은 숨어 있어도 남의 눈에 드러남을 이르는 뜻.

출전

《사기(史記)》〈평원군전(平原君傳)〉에 보면, 진나라의 공격을 받은 조나라가 초나라로 구원을 청하기 위해 동행할 마지막 20번째 수행원을 자청한 식객 모수(毛遂)에게 평원군이 "모름지기 현사(賢士)가 세상에 처함에는 송곳이 주머니 속에 있는 것과 같아 곧 그 인격이 알려지게 된다"고 말한 데서 유래되었다.

내우외환 內憂外患

(안 내, 근심 우, 밖 외, 근심 환)

'안의 근심과 밖의 재난'이란 말로, 근심과 걱정 속에서 사는 것을 뜻함.

출전

《국어(國語)》〈진어(晉語)〉에, 춘추시대 진(晉)나라 낙서(樂書)는 배신한 정(鄭)나라를 치기 위해 스스로 중군(中軍)의 장군이 되고, 범문자(范文子)는 부장군이 되었다. 진(晉)과 초(楚)의 군대가 충돌하자 낙서는 초(楚)와 싸우자고 했다. 그러자 이를 반대한 범문자가 "唯聖人能外內無患 自非聖人 外寧必有內憂"라고 말한 데서 유래되었다.

노생지몽 盧生之夢

(밥그릇 로, 날 생, 어조사 지, 꿈 몽)

'노생이 꾼 꿈'이란 말로, 인생의 영화가 덧없음을 이르는 뜻.

출전

심기제(沈旣濟)는 중국 중당(中唐)의 전기작가(傳奇作家)로, 당대(唐代) 전기소설의 대표작인 《침중기(枕中記)》를 저술하여, 명나라 탕현조(湯顯祖)의 희곡 《한단기(邯鄲記)》의 바탕이 되었다. 《침중기》를 보면, 당나라 현종(玄宗) 때 도사 여옹은 한단(邯鄲)으로 가는 도중 주막에서 쉬다가 노생이라는 젊은이를 만나 나눈 이야기에서 유래된 고사다.

농단

壟斷

(언덕 롱, 끊을 단)

'(깎아 세운 듯이) 높이 솟아 있는 언덕' 이란 말로, 1)재물을 독차지함, 2)이익을 독점함을 이르는 뜻.

출전

전국시대 제나라 선왕 때였다. 왕도정치의 실현을 위해 제국을 순방 중이던 맹자는 제나라에서 수년간 머물렀지만 뜻을 이루지 못하고 귀국하려고 했다. 그러자 선왕이 맹자에게 높은 봉록을 줄 테니 제나라에 머물 것을 제의했다. 그러나 맹자는 "제 의견이 받아들여지지 않는데도 봉록에 달라붙어서 '재물을 독차지(壟斷)' 할 생각은 없나이다." 라는 말에서 유래되었다.

누란지위

累卵之危

(포갤 루, 알 란, 어조사 지, 위태할 위)

'달걀을 포개놓은 것처럼 매우 위태롭다' 는 말로, 아주 조급하고 위험한 상태에 처해 있는 것을 이르는 뜻.

출전

중국의 역사책 《사기(史記)》의 범수채택열전에 왕계가 진왕에게 범저를 천거하면서 말하기를 "범저가 진왕국을 평하여 위여누란(危如累卵)이라, 알을 포개놓은 것보다 위태롭다고 했으며 그를 기용하면 능히 국태민안(國泰民安)을 얻을 것이다"라고 말한 데서 유래된 고사다. 그 후 범저(장록)는 '원교근공책(遠交近攻策)' 으로 그의 진가를 발휘했다.

다다익선 多多益善

(많을 다, 많을 다, 더할 익, 착할 선/좋을 선)

많으면 많을수록 더욱 좋다는 뜻.

출전

한나라 고조 유방(劉邦)은 천하통일의 일등공신인 초왕 한신(韓信)을 위험한 존재로 여겼다. 그래서 계략을 써 그를 포박한 후 회음후로 좌천시키고 도읍 장안을 벗어나지 못하게 했다. 어느 날, 고조는 한신과 여러 장군들의 능력에 대해서 이야기를 나누던 대화중 한신이 말한 데서 유래된 고사다.

단사표음 簞食瓢飮

(대광주리 단, 밥 사, 표주박 표, 마실 음)

'도시락밥과 표주박 속의 국'이란 말로, 구차하고 보잘 것 없는 음식을 이르는 말. 簞은 본디 대나무(竹)로 엉성하게(單) 엮은 작은 소쿠리를 뜻하며, 食은 '먹다'일 때는 '식', '밥'일 때는 '사'로 발음한다.

출전

공자는 일생동안 무려 3천명의 제자를 두었는데 그 중 안회를 가장 총애했다. 그는 하나를 들으면 열을 깨우쳤으며(聞一知十), 나이 29세에 백발(白髮)이 되었다. 그는 찢어지게 가난해 끼니 거르기를 밥 먹듯 했으며 평생 지게미조차 배불리 먹어본 적이 없었다. 그가 나이 서른하나에 요절한 것을 안타깝게 생각한 공자가 한말에서 유래되었다.

당랑거철 蟷螂拒轍

(버마재비 당, 버마재비 랑, 막을 거, 바퀴자국 철)

'사마귀가 앞발을 들고 수레바퀴를 가로 막는다' 라는 말로, 제 분수도 모르고 강한 적에 반항하여 덤벼듦을 이르는 뜻.

출전

《한시외전(韓詩外傳)》에 나오는 고사이다. 춘추시대, 제나라 장공(莊公)이 수레를 타고 사냥터로 가던 중 벌레 한마리가 앞발을 '도끼처럼 휘두르며(螳螂之斧)' 수레바퀴를 칠 듯이 덤벼드는 것을 보았다. 그러자 장공은 "저 벌레가 인간이라면 틀림없이 천하무적의 용사가 되었을 것이다. 비록 미물이지만 그 용기가 가상하니, 수레를 돌려 피해가도록 하라."고 했다.

대기만성 大器晩成

(큰 대, 그릇 기, 늦을 만, 이룰 성)

'큰 그릇은 늦게 만들어진다' 는 말로, 크게 될 사람은 늦게 이루어짐을 이르는 뜻.

출전

삼국시대 위나라에 최염(崔琰)이란 풍채가 좋은 장군이 있었다. 그러나 그의 사촌동생인 최림(崔林)은 외모가 시원치 않아서인지 출세를 못하고 친척들로부터도 멸시를 당했다. 하지만 최염만은 최림의 인물됨을 꿰뚫어 보고 말한 데서 유래된 고사이다. 그의 말대로 최림은 마침내 천자를 보좌하는 삼공(三公)중의 한 사람이 되었다.

대공무사 大公無私

(큰 대, 밝을 공, 없을 무, 사사 사)

'모든 일에 사가 없다'는 말로, 일처리가 개인적인 감정이 없고 공정하고 바르다는 뜻.

출전

'공(公)'이란 글자는 본래 '사(私)를 나눈다'는 뜻에서 비롯되었다. 그리고 사(私)를 나눈다는 말은 바로 가난을 같이 한다는 의미이다. 여기서 개인적인 욕심을 버리고 여러 사람과 어려움을 같이하는 것이 바로 공적인 행동이라고 할 수 있다. 이 고사는 《십팔사략(十八史略)》에서 춘추시대 진평공(陳平公)과 기황양(祁黃羊)이라는 신하와의 문답에서 유래되었다.

도원결의 桃園結義

(복숭아 도, 동산 원, 맺을 결, 옳을 의)

'복숭아나무가 심어진 정원에서 의형제를 맺음'이란 뜻.

출전

≪삼국지연의(三國志演義)≫에 등장하는 유비, 관우, 장비가 유비의 집 후원 복숭아나무 아래에서 형제의 의를 맺고 힘을 합쳐 천하를 위해 일하기로 맹세했다. 얼마 후 이들은 3백여 명의 젊은이들을 이끌고 황건적 토벌에 가담하게 되었고, 뒤에 제갈공명을 삼고초려로써 맞아들인 유현덕은 조조(曹操), 손권(孫權)과 함께 천하를 삼분하여 삼국시대를 이루었다.

도원경 桃源境

(복숭아 도, 근원 원, 지경 경)

'속세를 떠난 별천지'라는 말로, 이상향의 세계를 뜻함.

출전

동진(東晉) 때 시인 도잠(陶潛:자는 淵明)의 《도화원기(桃花源記)》에 나오는 고사. 무릉(武陵)에 사는 한 어부가 고기를 잡고자 나룻배를 타고 가다가 전혀 보지 못한 산 밑에 이르렀다. 그곳엔 겨우 사람 하나가 지나갈 정도의 동굴이 있었다. 그 동굴을 통과하니 아름답고 풍요한 농촌과 고래등 같은 큰 기와집들이었다. 이곳이 바로 무릉도원이었던 것이다.

도청도설 道聽塗說

(길 도, 들을 청, 진흙 도/길 도, 말씀 설)

'길에서 듣고 길에서 말한다'는 말로, 길거리에 떠돌아다니는 뜬소문을 이르는 뜻,

출전

공자의 《논어(論語)》〈양화편(陽貨篇)〉에 나오는 말로 "道聽而塗說 德之棄也"에서 유래되었다. 길거리에서 들은 좋은 말(道聽)을 마음에 간직하여 자기수양의 양식으로 삼지 않고 길거리에서 바로 다른 사람에게 말해 버리는 것(塗說)은 스스로 덕을 버리는 것과 같은 것이다. 좋은 말은 마음에 간직하고 자기 것으로 하지 않으면 덕을 쌓을 수 없다는 말이다.

동병상련 同病相憐

(한 가지 동, 병들 병, 서로 상, 불쌍히여길 련)

같은 병을 앓는 사람끼리 서로 가엽게 여긴다'는 말로, 어려운 처지에 있는 사람끼리 서로 딱하게 여겨 동정하고 돕는다는 뜻.

출전

후한의 조엽(趙曄)이 엮은 《오월춘추》 '합려내전(闔閭內傳)' 나오는 고사. 오나라의 공자 광은 사촌 동생인 오왕 요를 시해한 뒤 합려라 일컫고, 자객을 천거하는 등 반란에 적극 협조한 오자서를 중용했다. 얼마 후 백비가 오나라로 피신해 오자 오자서는 그를 천거하여 대부 벼슬에 오르게 했다. 이때 오자서는 대부 피리에게 힐난을 듣고 말한 데서 유래되었다.

동식서숙 東食西宿

(동녘 동, 먹을 식, 서녘 서, 잠잘 숙)

'동쪽에서 먹고 서쪽에서 잔다'는 말로, 부평초와 같은 떠돌이 신세를 뜻함.

출전

옛날 제(齊)나라에 혼기가 꽉 찬 한 처녀가 살고 있었다. 그녀에게 동쪽에 사는 집과 서쪽에 사는 집에서 동시에 청혼이 들어왔다. 그런데 동쪽 집 아들은 볼 수 없을 정도로 추남인 반면 생활은 매우 윤택하였고, 서쪽 집 아들은 가난했으나 빼어난 외모를 갖고 있었다. 고민에 빠진 부모는 딸에게 물었다. 그때 딸이 대답한 내용에서 유래된 고사다.

동독지필 董狐之筆

(동독할 동/견고할 동, 홀로 독, 어조사 지, 붓 필)

'동호의 직필(直筆)' 이라는 말로, 1)정직한 기록. 기록을 맡은 이가 직필하여 조금도 거리낌이 없음을 이름. 2)권세를 두려워하지 않고 사실을 그대로 적어 역사에 남기는 일.

출전

춘추시대 진나라 대신 조천이 영공을 시해했다. 당시 재상격인 조순은 영공이 시해되기 며칠 전에 그의 억압을 피해 망명길에 올랐다가 국경을 넘기 직전에 이 소식을 듣고 되돌아왔다. 그러자 사관(史官)인 동호(董狐)가 '조순, 군주를 시해하다.' 라는 공식기록에서 유래되었다.

두주불사 斗酒不辭

(말 두, 술 주, 아니 불, 말씀 사/사양할 사)

'말술을 사양하지 않음' 이라는 말로, 주군을 구하기 위해 말술을 사양하지 않고 마신다는 뜻.

출전

유방(劉邦)이 진(秦)나라 수도 함양(咸陽)을 함락시켰다는 소식이 전해지자, 항우(項羽)는 유방을 공격하려고 했다. 유방은 두려운 나머지 직접 항우의 진영으로 나가 일의 자초지종을 해명했다. 술자리가 파하고 번쾌가 유방을 구하기 위해 항우를 찾아가 그가 내려주는 술과 고기를 사양하지 않고 마시고 먹었다는 데서 유래된 고사다.

득어망전 得魚忘筌

(얻을 득, 고기 어, 잊을 망, 통발 전)

'고기를 잡으면 통발을 잊어버린다'는 말로, 어떤 일에 대한 목적이 달성되면 그것을 위해 사용한 것을 잊어버린다는 뜻.

출전

장자가 "전(筌)은 고기를 잡기 위한 것이나 고기가 잡히면 전은 잊어버리게 된다. 제(蹄: 덫)는 토끼를 잡기 위한 것이나 토끼가 잡히면 잊어버린다. 말은 뜻을 나타내기 위한 것이다. 뜻을 다 알게 되면 그 말은 잊어버린다."라고 말한 데서 유래되었다.

등용문 登龍門

(오를 등, 용룡, 문문)

'용문에 오른다'는 말로, 1)입신출세의 관문을 일컫거나,
2)뜻을 펴서 크게 출세함을 이르는 말.

출전

《후한서(後漢書)》〈이응전(李膺傳)〉의 "士有被其容接者 名爲登龍門"(선비로서 그의 용접을 받는 사람을 가리켜 등용문이라 하였다)라는 글귀에서 유래된 고사다. 용문(龍門)은 황하상류의 산서성과 섬서성 경계에 있는 협곡으로, 물살이 세고 빨라서 큰 물고기라도 거슬러 올라가기가 힘들다. 그러나 일단 오르기만 하면 그 물고기는 용이 된다는 전설이다.

마부작침 磨斧作針

(갈 마, 도끼 부, 지을 작, 바늘 침)

'도끼를 갈아서 바늘을 만든다'는 말로, 아무리 어려운 일이라도 참고 계속하면 언젠가는 반드시 성공함을 이르는 뜻.

출전

남송(南宋) 때 축목(祝穆)이 지은 지리서 《방여승람(方與勝覽)》과 《당서(唐書)》 문예전(文藝傳)에 보면, 어린 이백이 상의산에 들어가 수학하다가 공부에 싫증을 느껴 말도 없이 산을 내려오고 말았다. 집을 향해 걷고 있는데 계곡의 냇가에서 어떤 노파가 바위에 열심히 도끼(일설에는 쇠공이)를 갈고 있는 것을 보고 느낀 후 더더욱 분발했다는 고사다.

마이동풍 馬耳東風

(말 마, 귀 이, 동녘 동, 바람 풍)

'말의 귀에 동풍이 불어도 전혀 느끼지 못한다'는 말로, 남의 의견이나 충고의 말을 귀담아듣지 아니하고 흘려버림을 이르는 뜻.

출전

당나라 시인 이백(李白)이 친구 왕십이로부터 '寒夜獨酌有懷'(추운 방에 홀로 술잔을 기울이며 느낀 바 있어서)라는 시 한 수를 받자 이에 답하여 '答王十二寒夜獨酌有懷(답왕십이한야독작유회)'란 시를 보냈는데 '마이동풍'이 시의 마지막 구절에 나온다. 원문은 世人聞此皆掉頭(세인문차개도두) 有如東風射馬耳(유여동풍사마이)다.

막역지우 莫逆之友

(없을 막, 거스를 역, 어조사 지, 벗 우)

'거리낌이 없는 친구'란 말로, 의기투합하여 아주 친밀한 벗을 이르는 뜻.

출전

《장자(莊子)》 내편(內篇) 대종사(大宗師)에 나온 고사. 자사, 자여, 자려, 자래 등이 얘기를 나누었다. "무(無)를 머리로 하고, 삶을 등으로 하며, 죽음을 꼬리로 할 수 있는 사람은 없을까? 요컨대 사생(死生) 존망(存亡)이 일체임을 알고 있는 사람은 없을까? 그런 사람과 벗이 되고 싶다."이런 말을 나눈 네 사람은 아무런 거리낌 없이 선뜻 그 자리에서 벗이 되었다. 원문은 四人相親而笑 莫逆之心 遂相與爲友이다.

만사휴의 萬事休矣

(일만 만, 일 사, 쉴 휴, 어조사 의)

'모든 일이 끝장났다(가망 없다)'는 말로, 어떻게 달리 해볼 도리가 없다는 뜻.

출전

《송사(宋史)》 '형남고씨세가(荊南高氏世家)' 에 보면, 당나라가 망하고 송나라가 일어날 때까지 5대10국의 혼란이 지속되었다. 이들 중 보잘 것 없는 나라 형남이 있었다. 왕 고종회는 아들 고보욱을 분별없이 귀여워했다. 그래서 고보욱은 무서운 표정을 지어도 마냥 웃었다. 이 에 백성들이 '(萬事休矣' (모든 일이 끝장났다)' 이라고 생각한 데서 유래된 고사다.

만전지책 萬全之策

(일만 만, 온전할 전, 어조사 지, 꾀 책)

'상황에 맞는 계책'이라는 말로, 작은 틈도 찾을 수 없는 완벽한 계책을 뜻함.

출전

《후한서(後漢書)》 유표전(劉表傳)에 보면, 조조가 원소를 공격했을 때 조조의 군대는 3만이었고 원소의 군대는 10만이었다. 그러나 원소의 군대는 백마(白馬)싸움에서 명장 안량(顔良)과 문추(文丑)를 잃었다. 그래서 원소는 형주(荊州) 목사 유표(劉表)에게 원조를 청했다. 그러나 유표가 움직이지 않고 관망하고 있자 함숭과 유선이 그에게 말한 내용에서 유래되었다.

망국지음 亡國之音

(망할 망, 나라 국, 어조사 지, 소리 음)

'나라를 망치는 음악'이란 말로, 1)음란하고 사치한 음악, 2)망한 나라의 음악, 3)애조(哀調)를 띤 음악을 이르는 뜻.

출전

예기(禮記)》 악기(樂記)편에 "治世之音 安以樂 其政和, 亂世之音 怨以怒 其政乖, 亡國之音 哀以思 其民困(세상을 다스리는 음악은 편하고 즐거워 정치가 조화를 이루게 되며, 세상을 어지럽히는 음악은 원망하고 성내게 해 정치를 어긋나게 한다. 나라를 망하게 하는 음악은 슬프고 생각하게 해 백성이 곤궁하다). 이밖에 《한비자(韓非子)》 십과편(十過篇)에도 나온다.

망운지정 望雲之情

(바랄 망, 구름 운, 어조사 지, 뜻 정)

'타향에서 부모가 있는 곳의 구름을 바라본다'라는 말로, 자식이 어버이를 그리워하는 마음을 이르는 뜻.

출전

당나라 적인걸(狄仁傑)이 병주 법조참군에 있을 때 그 어버이는 하양 땅 별업에 있었다. 하루는 인걸이 태행산에 올라 흰 구름이 외롭게 멀리 날아가는 것으로 보고 좌우 사람에게 "내 어버이가 저 구름이 나는 아래에 계신데, 멀리 바라만보고 가서 뵙지 못하여 슬퍼함이 오래되었다."는 말에서 유래되었다.

매처학자 梅妻鶴子

(매화나무 매, 아내 처, 학 학, 아들 자)

'매화 아내에 학 아들'이라는 말로, 속세를 떠나 유유자적하게 생활함을 이르는 뜻.

출전

송나라에 임포라는 시인이 살았다. 그는 평생 혼자 서호근처의 고산에서 은둔 생활을 했다. 임포는 아내와 자식이 없는 대신 수많은 매화나무를 심어 놓고 학을 기르며 즐겁게 살았다. 그래서 사람들은 임포는 매화아내에 학 아들을 가지고 있다고 했다. 이로서 후세사람들이 '매처학자'라는 말로써 풍류생활을 즐기며 생활을 한다는 것을 비유한 것에서 유래되었다.

맹모단기 孟母斷機

(맏 맹, 어미 모, 끊을 단, 베틀 기)

맹자의 어머니가 유학 도중에 돌아온 맹자를 훈계하기 위해 베틀에 건 날실을 끊었다는 뜻으로, 학문을 중도에 그만두는 것은 짜고 있던 베의 날실을 끊어 버리는 것과 같다는 말

출전

전한(前漢) 말 유향(劉向)이 지은 《열녀전(烈女傳)》에 나오는 고사고 맹자 어머니의 훈육일화이다. 타향에서 공부하던 어린 맹자가 어머니가 보고 싶어 느닷없이 집에 돌아왔다. 이때 맹자 어머니는 짜고 있던 베의 날실을 끊어 버리고 말했다. "공부를 중도에 그만두고 돌아온 것은 지금 내가 짜고 있던 이 베의 날실을 끊어 버린 것과 다를 게 없다."라고 했다.

명경지수 明鏡止水

(밝을 명, 거울 경, 그칠 지, 물 수)

'맑은 거울과 고요한 물''이라는 말로, 티 없이 맑고 고요한 심경을 이르는 뜻.

출전

장자(莊子) '덕충부편(德充符篇)' 에 보면, 춘추시대 노나라에 왕태라는 학자가 공자처럼 많은 제자들은 가르치고 있었다. 그래서 공자의 제자인 상계(常季)는 그 이유를 공자에게 묻자 이렇게 대답했다. "그것은 그분의 마음이 조용하기 때문이다. 사람들이 거울 대신 비쳐볼 수 있는 물은 흐르는 물이 아니라 가만히 정지(靜止)해 있는 물이니라." 에서 유래되었다.

모순 矛盾

(창 모, 방패 순)

'창과 방패' 라는 말로, 말이나 행동이 앞뒤가 맞지 않음을 이르는 뜻.

출전

전국시대 때 한 장사꾼이 시장에서 방패와 창을 늘어놓고 팔고 있었다. 방패를 들고는 "이 세상에서 이 방패를 당해낼 창이 없다"고 하고, 창을 들고는 "이 창을 뚫을 방패는 어디에도 없다"고 했다. 이때 한 노인이 앞뒤가 맞지 않다며 창과 방패를 시험해보자고 했다. 그러자 장사꾼은 자기의 말에 모순(矛盾)이 있음을 깨닫고 슬그머니 사라졌다.

무산지몽 巫山之夢

(무당 무, 메 산, 어조사 지, 꿈 몽)

'무산(巫山)의 꿈' 이란 말로, 남녀 간의 밀회나 정교를 이르는 뜻.

출전

전국시대 초나라 양왕의 선왕이 어느 날 고당관에서 노닐다가 피곤하여 낮잠을 잤다. 그때 비몽사몽간에 여인이 나타나 왕과 운우지정(雲雨之情:남녀 간의 육체적 사랑)을 나누었다. 이윽고 헤어질 때 그 여인은 "저는 무산남쪽 높은 산봉우리에 살고 있는데 아침에는 구름이 되어 산에 걸리고 저녁이면 비가 되어 산을 내려가 양대(陽臺) 아래 머무를 것입니다."라고 했다.

문전작라 門前雀羅

(문 문, 앞 전, 참새 작, 벌일 라)

'문 앞에 새그물을 친다'는 말로, 권세를 잃거나 빈천해지면 문 앞(밖)에 새그물을 쳐 놓을 수 있을 정도로 방문객의 발길이 끊어진다는 뜻.

출전

전한 7대 황제인 무제 때 급암과 정당시라는 두 신하가 있었다. 그들은 한때 각기 구경(九卿:9개 부처의 각 으뜸 벼슬)의 지위에까지 올랐지만 모두개성이 강해 좌천 면직 재등용을 되풀이하다가 급암은 회양 태수를 끝으로 벼슬을 마쳤다. 이들이 현직에 있을 때에는 방문객이 늘 문전성시를 이루었으나 면직되자 방문객의 발길이 뚝 끊어졌다는 데서 유래되었다.

반근착절 盤根錯節

(서릴 반, 뿌리 근, 섞일 착, 마디 절)

'서린 뿌리와 얼크러진 마디'라는 말로, 얼크러져 해결하기 매우 어려운 사건을 비유하는 뜻.

출전

후한 6대 황제인 안제가 13세의 어린나이로 즉위하자 모후가 수렴청정을 하고 태후의 오빠 등즐이 대장군이 되었다. 그때 강족의 침략이 잦았지만 등즐은 국비부족을 들어 양주를 포기하려 했다. 그러나 낭중 우허가 반대하고 나섰다. 이때부터 우허를 미워해 비적에게 피살된 조가현의 후임으로 보냈다. 친구들이 모여 걱정하자 우허가 웃으며 대답한 데서 유래되었다.

발본색원 拔本塞源

(뽑을 발, 근본 본, 막을 색, 근원 원)

'뿌리를 뽑아 근원을 막는다'는 말로, 근본적으로 폐해를 일으키는 근원을 제거한다는 뜻.

출전

《춘추좌씨전(春秋左氏傳)》〈소공(昭公) 9년 조〉에 나오는 고사. 주왕이 "나는 백부(伯父)에게 있어 마치 옷에 갓이 있는 것과 같다. 나무와 물에 근원이 있어야 하듯 백성들에게 주모자가 있어야 한다. 백부께서 만약 갓을 찢어버리고 뿌리를 뽑아 근원을 막고(拔本塞源) 집주인을 버린다면 오랑캐들도 나라는 사람을 어떻게 볼 것인가?"라는 말에서 유래되었다.

방약무인 傍若無人

(곁 방, 같을 약, 없을 무, 사람 인)

'곁에 사람이 없는 것 같이 여긴다'는 말로, 주위의 다른 사람을 전혀 의식하지 않은 채 제멋대로 마구 행동함을 이르는 뜻.

출전

《사기(史記)》〈자객열전(刺客列傳)〉에 있는 고사. 진왕 정(政:훗날의 시황제)이 천하를 통일하기 직전의 일이다. 진왕 암살에 실패한 자객 중 형가(荊軻)라는 사람이 있었다. 그는 위나라 사람인데 여러 나라를 전전하다가 연나라에서 축(筑:거문고와 비슷한 악기)의 명수 고점리(高漸離)를 만났다. 두 사람은 의기투합하여 매일 술을 마셨다. 취기가 돌아 감회가 복받치면 '곁에 아무도 없는 것처럼(傍若無人)' 함께 엉엉 울었다고 한다.

방촌지지 方寸之地

(모 방, 마디 촌, 어조사 지, 땅 지)

'손바닥만 한 땅'이란 말로, 사람의 마음을 가리키는 뜻. 준말은 방촌(方寸).

출전

삼국지 촉지 제갈량전에 나오는 고사. 서서(徐庶)는 유비 밑에서 군사로 일했다. 당시 조조는 그의 재능을 아껴 자신의 측근으로 써보려는 생각에 그의 모친을 허창에 가두었다. 그런 다음 그녀의 필적을 모방해 서서에게 허창으로 오라는 편지를 보냈다. 효자인 서서는 묘략인줄 모르고 허창에 가려고 유비에게 하직인사를 한데서 유래되었다.

배수지진 背水之陣

(등 배, 물 수, 어조사 지, 진칠 진)

'물을 등지고 친 진지'라는 말로, 목숨을 걸고 어떤 일에 대처하는 경우를 비유한 뜻.

출전

명장 한신(韓信)이 유방의 명에 따라 위나라를 쳐부순 다음 조나라로 쳐들어갔다. 그러자 조나라에서는 20만의 군사를 동원하여 조나라로 들어오는 길목인 정형의 협도(狹道) 출구 쪽에 성채를 구축하고 방어선을 폈다. 이에 한신은 1만여 군사를 협도 출구 쪽으로 보내어 강을 등지고 진을 치게 하여(背水之陣) 승리했다는 것에서 유래되었다.

백년하청 百年河淸

(일백 백, 해 년, 물 하, 맑을 청)

'백 년을 기다린다 해도 황하의 흐린 물은 맑아지지 않는다'는 말로, 1)아무리 오래 기다려도 사물이 이루어지기 어려움, 2)확실하지 않은(믿을 수 없는) 일을 언제까지나 기다림(기대함)을 이르는 뜻.

출전

춘추시대 주나라 영왕 7년(B.C. 565), 정나라는 위기에 빠졌다. 초나라의 속국인 채나라를 친 것이 화가 되어 초나라의 보복공격을 받게 된 것이다. 곧바로 대책을 열었지만 초나라에 항복하자는 화친론과 진나라에 구원군을 기다리며 싸우자는 주장으로 나뉘었다. 양쪽 주장이 팽팽하자 대부인 자사가 주나라 시를 예제를 들어 결정한 데서 유래되었다.

백면서생 白面書生

(흰 백, 얼굴 면, 글 서, 날 생)

'햇볕을 받지 않은, 흰 얼굴로 글만 읽으며 사는 사람'이란 말로, 오로지 글만 읽고 세상일에 경험이 없는 젊은이를 이르는 뜻.

출전

남북조시대 송나라 3대 황제인 문제(文帝) 때 오나라에 심경지(沈慶之)라는 사람이 많은 공을 세웠다. 효무제(孝武帝) 때 건무장군(建武將軍)에 임명되었다. 어느 날 효무제는 심경지가 배석한 자리에 문신들을 불러놓고 숙적인 북위(北魏)를 치기 위한 출병을 논의할 때 그가 말한 데서 유래되었다. 그의 말을 듣지 않은 효무제는 출병했다가 크게 패하고 말았다.

백문불여일견 百聞不如一見

(일백 백, 들을 문, 아니 불, 같을 여, 한 일, 볼 견)

'백 번 듣는 것이 한 번 보는 것만 못하다'는 말로, 무엇이든지 경험해야 확실히 알 수 있다는 뜻.

출전

《한서(漢書)》 〈조충국전(趙充國傳)〉에 나오는 고사. 전한(前漢)의 선제(宣帝) 때 후장군 조충국이 있었다. 서북변방의 티베트계통인 강족(羌族)이 반란을 일으켰다. 하지만 반란을 막았지만 대패했다. 이어 선제는 어사대부 병길(丙吉)에게 토벌군의 적임자를 누구로 하였으면 좋겠는지 조충국에게 물어보라고 했다. 이에 조충국이 병길에게 대답한 말해서 유래되었다.

백미 白眉

(흰 백, 눈썹 미)

'흰 눈썹'이란 말로, 1)형제 중에서 가장 뛰어난 사람을 이르거나, 2)여럿 중에서 가장 뛰어난 사람이나 물건을 이르는 뜻.

출전

유비의 촉나라에 문무를 겸비한 마량(馬良)이라는 참모가 있었다. 더구나 제갈량과 문경지교(刎頸之交)를 맺은 사이다. 그는 태어날 때부터 눈썹에 흰 털이 섞여 있어 '백미(白眉)'라는 별명이 붙었다. 더구나 재주가 범상한 오형제 중에서 마량이 가장 뛰어났다. 이에 사람들은 마 씨네 오형제 중에서 '백미'가 가장 뛰어났다는 칭찬에서 유래되었다.

백아절현 伯牙絶絃

(맏 백, 어금니 아, 끊을 절, 악기 줄 현)

'백아가 거문고의 줄을 끊었다'는 말로, 서로 마음이 통하는 절친한 벗의 죽음을 이르는 뜻.

출전

춘추시대, 거문고의 명수인 백아(伯牙)에게 소리를 잘 감상해주는 친구 종자기(鐘子期)가 있었다. 두 사람은 마음이 잘 통하는 연주자와 청취자 사이였는데, 불행하게도 종자기는 먼저 병으로 죽고 말았다. 그러자 백아는 절망한 나머지 거문고의 줄을 끊고 다시는 연주하지 않았다. 지기(知己)를 가리켜 지음(知音)이라고 일컫는 것은 이 고사에서 나온 말이다

백안시 白眼視

(흰 백, 눈 안, 볼 시)

남을 업신여기거나 냉대하여 흘겨봄.

출전

위진시대, 죽림칠현(竹林七賢)의 한 사람인 완적이 있었다. 그는 예의범절에 얽매인 지식인을 속물이라고 했다. 어느 날 역시 죽림칠현의 한 사람인 혜강의 형 혜희가 완적이 좋아하는 술과 거문고를 가지고 찾아왔다. 그러나 완적은 상대해 주지 않았다. 이처럼 친구의 형일지라도 그가 속세의 지식인인 이상 청안시(靑眼視)하지 않고 '백안시' 했다는 것에서 유래되었다.

백전백승 百戰百勝

(일백 백, 싸울 전, 일백 백, 이길 승)

'백 번 싸워 백 번 이긴다'는 말로, 싸울 때마다 반드시 이긴다는 뜻.

출전

손자(孫子)가 쓴 《손자》의 〈모공편(謀攻篇)〉에 나오는 고사. "승리에는 두 종류가 있다. 적을 공격하지 않고서 얻는 승리와 적을 공격한 끝에 얻는 승리인데 전자가 최상책이고, 후자는 차선책이다. '백 번 싸워 백 번 이겼다(百戰百勝)' 해도 그것은 최상의 승리가 아니다. 싸우지 않고 상대방을 굴복시키는 것이야말로 최상의 승리인 것이다.… "

♣ 여기서 '백(百)'이란 단순히 숫자상의 '100'이 아니라 많은 횟수를 가리키는 것임.

병문졸속 兵聞拙速

(군사 병, 들을 문, 못날 졸, 빠를 속)

'전투는 속전속결이다'라는 말로, 싸움에 있어서는 단기전으로 성공한 일은 있지만, 결코 오래 끌어 성공한 예가 없다는 뜻.

출전

《손자(孫子)》〈작전편(作戰篇)〉에 나오는 고사. 손자(孫子)는 싸움에 있어서는 지구전보다 속전속결을 주장한 병법가이다. 그가 속전속결을 주장한 이유는 지구전을 치를 때의 폐단을 명확히 알기 때문이다. 지구전의 폐단을 손자는 《손자》에서 잘 설명하고 있다.

부중지어 釜中之魚

(솥 부, 가운데 중, 어조사 지, 물고기 어)

'솥 안의 고기'라는 말로, 생명이 오래 남지 않은 사람을 뜻하기도 하고, 동물을 비유하기도 한다.

출전

후한(後漢) 때, 양익(梁翼)이란 사람은 20여 년간이나 횡포를 부렸다. 그의 수하에 장강이란 사람이 있었는데, 평소 양익의 처사에 불만이 많았다. 그는 그를 탄핵했다가 미움을 받아 도적떼가 있는 광릉군(廣陵郡) 태수로 좌천되었다. 부임한 장강은 두목 장영을 찾아가 개과천선할 것을 종용하였다. 장강의 말에 깊은 감동을 받은 장영이 대답한 데서 유래된 고사다.

불구대천 不俱戴天

(아니 불, 함께 구, 머리에 일 대, 하늘 천)

'함께 하늘을 이고 살 수 없다'라는 말로, 도저히 그냥 둘 수 없을 만큼 원한이 깊이 사무친 원수를 이르는 뜻.

출전

《예기》'곡예편'에에서 유래된 고사. 원문은 '父之讐弗與共戴天(아버지의 원수와는 함께 하늘을 이고 살 수 없고), 兄弟之讐不反兵(형제의 원수를 보고 무기를 가지러 가면 늦으며), 交遊之讐不同國(친구의 원수와는 나라를 같이해서는 안된다)'이 있다. 즉, 아버지의 원수와는 함께 한 하늘을 이고 살 수 없으므로 반드시 죽여야 한다는 뜻이다.

불수진 拂鬚塵

(떨칠 불, 수염 수, 티끌 먼지 진)

'(남의) 수염에 붙은 티끌을 털어 준다'는 말로, 1)윗사람이나 권력자에게 아부(아첨)함, 2)상사(上司)에 대한 비굴한 태도를 비유한 뜻.

출전

송나라 황제 인종 때 강직한 재상 구준이 있었다. 그는 나라를 위해 유능한 인재를 발탁했는데 참정정위도 그중 한 사람이었다. 어느 날 회식자리에서 음식찌꺼기가 구준의 수염에 붙었다. 그러자 정위가 자기 소맷자락으로 털어냈다. 그때 구준은 "참정이라면 나라의 중신인데, 어찌 남의 '수염에 붙은 티끌을 털어주는(拂鬚塵)' 그런 하찮은 일을 하오?"라고 했다.

불치하문 不恥下問

(아닐 불, 부끄러워할 치, 아래 하, 물을 문)

'자기보다 못한 사람에게 묻는 것을 부끄럽게 여기지 않는다'는 말로, 분발하여 학문을 함에 마음을 비우고 가르침을 구하는 정신을 이르는 뜻.

출전

《논어(論語)》〈공야장(公冶長)〉편에 나오는 고사. 자공(子貢)이 위나라의 대부인 공문자(孔文子)의 시호가 떻게 해서 '문(文)'이 얹는지를 묻자 공자가 말했다. "敏而好學 不恥下問 是以謂文也(민첩해서 배우기를 좋아하고, 아랫사람에게 묻는 것을 부끄럽게 여기지 않았다. 이로써 시호를 문이라 한 것이다)"

불혹 不惑

(아니 불, 미혹할 혹)

세상의 일에 혹하지 않음. 나이 마흔을 가리킴.

출전

논어》〈위정편(爲政篇)〉에 나오는 고사. 내용은 "나는 열다섯에 학문에 뜻을 두고(十有五而志于學), 서른에 뜻을 확고히 세웠으며(三십而立), 마흔에 온갖 유혹에 흔들리지 않았으며(四十而不惑), 쉰에 하늘의 명을 알았다(五十而知天命), 예순에 사물의 이치를 알게 되고(六十而耳順), 일흔에 어느 일을 하던 법도가 있었다(七十而從心所欲不踰矩)"이다.

비육지탄 髀肉之嘆

(넓적다리 비, 고기 육, 어조사 지, 탄식할 탄)

'넓적다리 살을 탄식한다' 라는 말로, 마땅히 해야 할 일을 하지 않고 허송세월 하는 것을 비유함.

출전

유비가 조조에게 쫓겨 형주의 유표(劉表)에게 몸을 의탁했다. 어느 날 술자리 중 유비가 측간에 갔다가 무심코 살이 오른 자신의 넓적다리를 보았다. 자리에 돌아와 유표에게 이렇게 말했다. "전에는 하루라도 몸이 말안장을 떠나지 않아 넓적다리에도 도무지 살이 없더니 이제는 오랫동안 말을 타지 않으니 살이 올랐습니다. 세월은 덧없이 가건만 이제껏 공업(功業)을 쌓지 못하였으니 이 점이 서러울 뿐입니다."

사면초가 四面楚歌

(넉 사, 낯 면, 초나라 초, 노래 가)

'사면에서 들려오는 초나라 노래'란 말로, 누구의 도움도 받을 수 없는 고립된 상태를 이르는 뜻.

출전

《사기(史記)》〈항우본기(項羽本紀)〉에 나오는 고사. 항우가 유방에 패하여 해하(垓下)에서 포위되었을 때, 한나라 군대 쪽에서 초나라 노랫소리가 들려오자 크게 놀라, "한나라가 이미 초나라를 점령했단 말인가, 어째서 초나라 사람이 이토록 많은가?" 하고 슬퍼하였다. 이것은 한나라 고조가 꾸며낸 심리작전에서 유래되었다.

사족 蛇足

(뱀 사, 발 족)

'뱀의 발'이란 말로, 안 해도 될 쓸데없는 일을 덧붙여 하다가 도리어 일을 그르침을 이르는 뜻.

출전

초(楚)나라의 영윤(令尹) 소양(昭陽)이 위나라를 치고 다시 제나라를 치려 할 때, 제나라의 세객 진진(陳軫)이 소양을 찾아와 설득할 때 나온 고사다. 즉 술 한 잔을 놓고 뱀을 빨리 그리는 사람이 먹기로 했다. 그런데 쓸데없이 뱀의 발까지 그린 탓에 늦게 뱀을 그린 사람에게 술잔을 빼앗겼다는 내용으로 설득했다.

살신성인 殺身成仁

(죽일 살, 몸 신, 이룰 성, 어질 인)

'몸을 죽여 어진 일을 이룬다'는 말로, 다른 사람 또는 대의를 위해 목숨을 버린다는 뜻.

출전

춘추시대, 공자의 언행을 수록한 논어(論語) 위령공편(衛靈公篇)에 고사. 원문은 "志士仁人(높은 뜻을 지닌 선비와 어진 사람은), 無求生以害仁(삶을 구하여 '인'을 저버리지 않으며), 有殺身以成仁(스스로 몸을 죽여서 '인'을 이룬다)" 또 공자사상의 중심을 이루는 '인'의 도는 제자인 증자가 논어 이인편에서 지적했듯이 '충(忠)과 서(恕)'에 잘 나타나 있다.

삼고초려 三顧草廬

(석 삼, 돌아볼 고, 풀 초, 풀집 려)

'초가집을 세 번 찾아간다'는 말로, 사람을 맞이함에 있어 진심으로 예를 다함을 이르는 뜻.

출전

삼고지례(三顧之禮)와 같은 말로 《삼국지(三國志)》〈촉지 제갈량전(蜀志 諸葛亮傳)〉에 나오는 고사. 유비는 관우, 장비와 의형제를 맺고 한실 부흥을 위해 군사를 일으켰다. 그러나 전군을 통솔할 군사가 없어 늘 조조에게 고전했다. 그래서 사마휘에게 추천받은 제갈량을 군사로 발탁하기 위해 그의 누추한 초가집을 세 번씩이나 찾아간 데서 유래되었다.

삼십육계 三十六計

(석 삼, 열 십, 여섯 륙, 꾀할 계)

'서른여섯 가지 계책 중에서 피하는 것이 제일 좋은 계책'이란 말로, 일의 형편이 불리할 때는 도망가는 것이 상책이라는 뜻. 삼십육계 주위상계(三十六計 走爲上計)의 준말.

출전

《제서(齊書)》'왕경칙전(王敬則專)'에 나오는 고사. 남북조시대, 제(齊)나라 5대 황제 명제(明帝)는 제위를 찬탈했다. 그의 살해행위에 회계 태수 왕경칙(王敬則)은 생명의 위협을 느껴 먼저 군사를 일으켰다. 출정한지 10여 일 만에 건강과 흥성성을 함락시켰다. 이때 병석의 명제 대신 정사를 돌보던 태자 소보권이 소식을 듣자 피난했다. 소보권의 피난소식을 들은 왕경칙이 "檀公三十六策 走爲上策 計汝父子唯有走耳"라고 말했다.

상전벽해 桑田碧海

(뽕나무 상, 밭 전, 푸를 벽, 바다 해)

'뽕나무밭이 바다로 바뀐다'는 말로, 세상일이 덧없이 바뀜을 이르는 뜻.

출전

《신선전(神仙傳)》'마고선녀이야기'에 나오는 고사. 어느 날 선녀 마고가 신선 왕방평에게 물었다. "지금껏 모셔오면서 동해가 세 번이나 뽕나무 밭으로 바뀌는 것을 보았습니다. 이번엔 봉래산에 갔는데 바다가 다시 얇아져 이전의 반밖에 되지 않았습니다. 또 육지가 되는 것일까요?" 그러자 왕방평이 "그래서 성인들께서도 '바다 녀석들이 먼지를 일으킨다'고 하지 않던가"라고 했다.

새옹지마 塞翁之馬

(변방 새, 늙은이 옹, 어조사 지, 말 마)

'변방에 사는 늙은이의 말'이란 말로, 세상만사가 변화무상하므로 인생의 길흉화복(吉凶禍福)은 예측할 수 없음을 이르는 뜻.

출전

《회남자(淮南子)》의 인간훈(人間訓)에 있는 이야기다. 북쪽 국경근처에 점을 잘 치는 노인이 살고 있었다. 어느 날 그가 기르는 말이 오랑캐나라로 가버렸다. 사람들이 위로하자 그는 "무슨 복이 될는지 알겠소"라고 했다. 얼마 후 도망갔던 말이 오랑캐의 준마를 끌고 돌아왔다. 사람들이 축하하자 그는 "무슨 화가 될는지 알겠소"라고 했다. 그런데 말 타기를 좋아한 그의 아들이 그 말에서 낙마해 다리가 부러졌다. 사람들이 위로하자 그는 "혹시 복이 될는지 누가 알겠소"라며 태연했다. 1년 후 오랑캐들이 침입하자 마을 장정들은 전쟁터에서 모두 전사했다. 하지만 그의 아들은 다리가 병신이어서 무사할 수 있었다.

수구초심 首丘初心

(머리 수, 언덕 구, 처음 초, 마음 심)

'여우는 죽을 때 머리를 자기가 살던 굴로 향한다'는 말로, 고향을 그리워하는 마음을 이르는 뜻.

출전

문왕과 무왕을 도와 은나라를 멸하고 주나라를 일으킨 강태공은 제나라의 영구(營丘)에 봉해져 오대(五代)에 걸쳐 살다가 주나라에서 죽었다. 군자가 말하기를 "음악은 그 자연적으로 발생하는 바를 즐기고, 예는 그 근본을 잊어서는 안 되는 것이다. 옛사람의 말에 이르기를 여우가 죽을 때 머리를 자기가 살던 굴 쪽으로 바르게 향하는 것은 인(仁)이다"라고 했다.

수서량단 首鼠兩端

(머리 수, 쥐 서, 두 량, 끝 단)

'쥐가 구멍에서 머리만 내밀고 요리조리 엿본다'라는 말로, 진퇴나 거취를 결단하지 못하고 관망하고 있는 상태를 이르는 뜻.

출전

《사기(史記)》〈위기 무안전(魏紀武安傳)〉에 나오는 고사. 전한 7대 황제 무제 때 두영은 고참대장군이었고, 전분은 신진재상이었다. 어느 날, 두영의 친구 관부장군이 전분에게 대드는 실수를 했다. 무제가 시시비비를 가리기 위해 한안국에게 물었지만 역시 애매한 대답만 했다. 무제가 자리를 뜨자 전분은 화가 나서 한안국에게 "그대는 어찌하여 '구멍에서 머리만 내밀고 좌우를 살피는 쥐(首鼠兩端)'처럼 망설였소?…"라고 책망했다.

수석침류 漱石枕流

(양치질 수, 돌 석, 베개 침, 흐를 류)

'돌로 양치질하고 흐르는 물을 베개로 삼는다'는 말로, 1)(실패를 인정하려 들지 않고) 억지를 쓰거나, 2)(남에게 지기 싫어서 좀처럼 체념을 안 하고) 억지가 셈의 비유한 뜻.

출전

진(晉)나라 초, 손초(孫楚)가 벼슬길에 나가기 전인 젊었을 때의 일이다. 당시 그는 죽림칠현처럼 은거하기로 맘먹고 친구 왕제(王濟)를 찾아갔다. 이때 '돌을 베개 삼아 눕고, 흐르는 물로 양치질하는 생활을 하고 싶다(枕流漱石)'라는 말을 실수로 '돌로 양치질하고, 흐르는 물을 베개로 삼겠다(漱石枕流)'라고 했다. 왕제가 실언임을 지적하자 손초는 이렇게 말했다. "흐르는 물을 베개로 삼겠다는 것은 옛날 은사인 허유와 같이 쓸데없는 말을 들었을 때 귀를 씻기 위해서이고, 돌로 양치질한다는 것은 이를 닦기 위해서라네."

수적천석 水滴穿石

(물 수, 물방울 적, 뚫을 천, 돌 석)

'물방울이 돌을 뚫는다'는 말로, 작은 물방울이라도 끊임없이 떨어지면 마침내 돌에 구멍을 뚫듯이, 작은 노력이라도 끈기 있게 계속하면 큰일을 이룰 수 있음을 이르는 뜻.

출전

송나라 나대경(羅大經)이 지은 《학림옥로(鶴林玉露)》에 나오는 고사. 북송 때 장괴애라는 사람이 있었다. 어느 날 그는 관아의 창고에서 나오는 도둑을 잡았다. 도둑은 한 푼짜리 엽전 한 닢이 무슨 큰 죄가 되냐고 따졌다. 그러자 장괴애는 "네 이놈! 티끌모아 태산이란 말도 못 들었느냐? 하루 한 푼이라도 천 날이면 천 푼이요. '물방울도 끊임없이 떨어지면 돌에 구멍을 뚫는다(水滴穿石)'"라고 말한 후 죄인의 목을 쳤다.

수주대토 守株待兎

(지킬 수, 그루 주, 기다릴 대, 토끼 토)

'나무그루를 지키며 토끼를 기다린다'는 말로, 달리 변통할 줄은 모르고 어리석게 한가지만을 내내 고집함을 이르는 뜻.

출전

송나라에 한 농부가 밭을 갈고 있을 때 갑자기 토끼 한마리가 뛰어오다가 밭 가운데의 그루터기에 부딪쳐 죽었다. 덕분에 토끼 한 마리를 공짜로 얻은 농부는 농사일보다 토끼를 잡으면 더 수지가 맞겠다는 생각에 농사일은 접고 매일 밭두둑에 앉아 그루터기를 지키며 토끼가 오기만 기다렸다.(守株待兎) 어리석고 고집이 센 사람을 일컫는 고사다.

신출귀몰 神出鬼沒

(귀신 신, 날 출, 귀신 귀, 숨을 몰)

'신이 나타나고 귀신이 돌아다닌다'는 말로, 귀신같이 출입이 자유자재여서 예측할 수가 없음을 뜻함.

출전

《회남자》의 〈병략훈〉은 전략(戰略)에 나오는 고사. "교묘한 행동은 신이 나타나고 귀신이 돌아다니는 것처럼 별과 같이 빛나고 하늘과 같이 운행한다. 그 나아가고 물러남, 굽히고 펴는 것은 아무런 전조도 형태도 나타나지 않는다." 여기서 신출귀행(神出鬼行)이 신출귀몰(神出鬼沒)로 나오는 것은 당희장어(唐戲場語)에 나오는 '兩頭三面 神出鬼沒'의 구절 때문이다.

실사구시 實事求是

(참 실, 일 사, 구할 구, 옳을 시)

'참다운 일과 옳은 것을 찾음'이란 말로, 사실을 토대로 진리를 구함.

출전

《하간헌왕덕전》에 '修學好古 實事求是(학문을 닦아 옛것을 좋아하며 일을 참되게 해서 옳은 것을 찾는다)'에서 유래되었다. '실사구시'는 청조의 고증학파가 시작했는데, 공론만 일삼는 양명학에 대한 반동으로 내세운 표어다. 정확한 고증을 존중해서 과학적이고 객관적인 태도로 학문을 연구했다. 여기서 이론보다 실생활을 유익하게 하는 실학을 낳게 된다.

안중지정 眼中之釘

(눈 안, 가운데 중, 갈 지, 못 정)

'눈에 박힌 못이다'는 말로, 1)나에게 해를 끼치는 사람, 2)몹시 싫거나 미워서 항상 눈에 거슬리는 사람을 비유한 뜻.

출전

당나라 말, 조재례(趙在禮)라는 탐관오리가 있었다. 그가 송주(宋州)에서 영흥절도사로 영전하게 되자 송주백성들은 "마치 '눈에 박힌 못(眼中之釘)'이 빠진 것 같다."라며 좋아했다. 이 말을 들은 조재례는 1년을 유임하겠다고 청원했다. 청원이 수용되면서 '못 빼기 돈(拔釘錢)'이라며 1000푼씩 납부시켰다. 이렇게 착취한 돈이 1년만에 100만 관(貫)이 넘었다.

암중모색 暗中摸索

(어두울 암, 가운데 중, 더듬을 모, 찾을 색)

'어둠 속에서 손으로 더듬어 찾는다'는 말로, 어림짐작으로 찾는다(혹은 추측한다)는 뜻.

출전

즉천무후(則天武后) 때 허경종이란 학자가 있었다. 그는 경망한데다가 방금 만났던 사람조차 기억하지 못할 정도로 건망증이 심했다. 어느 날, 친구가 허경종의 건망증을 비웃자 그는 이렇게 대꾸했다. "자네 같은 이름 없는 사람의 얼굴이야 기억 못 하지만 하손, 조식, 심약 같은 문단의 대가라면 '암중모색'을 해서라도 알 수 있다네."

양두구육 羊頭狗肉

(양 양, 머리 두, 개 구, 고기 육)

'밖에는 양 머리를 걸어놓고 안에서는 개고기를 판다'는 말로, 겉과 속이 일치하지 않음을 이르는 뜻.

출전

춘추시대, 제나라 영공(靈公)은 궁중여인들에게 남장을 시키는 취미가 있었다. 이것이 백성들 사이에서도 유행되자 금지령을 내렸지만 효과가 없었다. 영공이 안영에게 이유를 묻자 "전하께서는 궁중여인들에겐 남장을 허용하시고 궁 밖의 여인들에겐 금지령을 내렸습니다. 이것은 '밖에 양머리를 걸어놓고 안에는 개고기를 파는 것(羊頭狗肉)'과 같습니다."이후 영공은 궁중여인들에게 남장금지령을 내렸다.

양상군자 梁上君子

(들보 량, 위 상, 임금 ,아들 자)

'대들보 위의 군자'라는 말로, 집안에 들어온 도둑을 일컫는 뜻함.

출전

후한 말, 진식(陳寔)이란 사람이 태구현 현령으로 있을 때다. 어느 날 밤, 진식이 대청에서 책을 읽고 있는데 도둑이 대들보 위에 숨었다. 진식은 모르는 척하고 아들과 손자들을 대청으로 불러 말했다. "…악인이라고 본성이 악한 게 아니다. 습관적으로 악행을 하는 것이다. 이를테면 지금 '대들보 위에 있는 군자(梁上君子)'도 그렇다."라는 말에서 유래되었다.

어부지리 漁父之利

(고기 잡을 어, 아비 부, 어조사 지, 이로울 리)

'어부의 이득'이라는 말로, 쌍방이 다투는 사이에 제삼자가 힘들이지 않고 이득을 챙긴다는 뜻.

출전

《전국책(戰國策)》〈연책(燕策)〉에 나오는 고사. 전국시대 연나라에 기근이 들자 조나라 혜문왕(惠文王)은 침략준비를 서둘렀다. 그러자 연나라 소왕(昭王)은 종횡가 소대에게 혜문왕을 설득해 주도록 부탁했다. 소대는 조개와 도요새를 비유해서 설득했다. 곧바로 소대의 말을 들은 혜문왕은 연나라 공격을 철회시켰다.

여도지죄 餘桃之罪

(남을 여, 복숭아 도, 갈 지, 허물 죄)

'먹다 남은 복숭아를 먹인 죄'란 말로, 애정과 증오의 변화가 심함의 비유한 뜻.

출전

전국시대, 위나라에 왕의 총애를 받는 미자하(彌子瑕)란 미동(美童)이 있었다. 세월이 흐르면서 미자하의 자태는 점점 빛을 잃었고 왕의 총애도 엷어졌다. 그러던 어느 날, 미자하가 처벌을 받게 되자 왕은 지난 잘못을 모두 이야기 했다. 즉 한 번 애정을 잃으면 이전에 칭찬을 받았던 일도 오히려 화가 되어 벌을 받게 된다는 고사이다.

오리무중 五里霧中

(다섯 오, 이수 리, 안개 무, 가운데 중)

'사방 5리 까지 걸치는 짙은 안개 속에 있다'는 말로, 어디에 있는지 찾을 길이 막연하거나, 갈피를 잡을 수 없음을 이르는 뜻.

출전

후한 순제(順帝) 때 학문이 뛰어난 장해(張楷)라는 선비가 있었다. 장해는 춘추(春秋) '고문상서(古文尙書)'에 통달한 학자였다. 그에게 많은 사람들이 찾아왔지만 고향 화음산으로 낙향했다. 하지만 그를 좇아온 문하생과 학자들로 인해 그곳엔 그의 자를 딴 공초(公超)란 저잣거리가 생겼다. 더구나 장해는 도술(道術)에 능해 쉽게 사방 5리에 안개를 일으켰다고 한다.

오월동주 吳越同舟

(오나라 오, 월나라 월, 한가지 동, 배 주)

'적대관계에 있는 오나라 사람과 월나라 사람이 같은 배를 타고 있다'는 뜻으로, 1)적의를 품은 사람끼리 같은 장소나 처지에 놓임, 2)적의를 품은 사람끼리라도 필요에 따라서는 서로 도움을 이르는 뜻.

출전

《손자(孫子)》〈구지편(九地篇)〉에 나오는 고사다. "夫吳人與越人相惡也 當其同舟而濟遇風 其相救也 加左右手(오나라 사람과 월나라 사람은 서로 미워한다. 하지만 함께 배를 타고 가다가 바람을 만나면 서로 돕기를 좌우의 손이 함께 협력하듯이 한다)" 서로 원수지간이지만 어떤 목적을 위해서는 함께 협력한다는 것을 말한다.

오합지중 烏合之衆

(까마귀 오, 합할 합, 갈 지, 무리 중)

'까마귀 떼처럼 질서 없는 무리'라는 말로, 1)규율도 통일성도 없는 군중, 2)갑자기 모인 훈련 없는 군세(軍勢)를 이르는 뜻.

출전

《후한서(後漢書)》〈경엄전(耿傳)〉에 나오는 고사. 상곡 태수 경황은 즉시 아들인 경감에게 군사를 주어 유수의 토벌군에 합류케 했다. 이때 부하인 손창과 위포가 왕랑에게 가자고 했다. 그러자 경감이 꾸짖으면서 "發突騎以烏合之衆如枯折腐耳(내가 장안의 정예군과 합세해서 들이치면 그까짓 '오합지중'은 마른 나뭇가지보다 쉽게 꺾일 것이다)"고 했다.

옥석혼효 玉石混淆

(구슬 옥, 돌 석, 섞일 혼, 어지러울 효)

'옥과 돌이 함께 섞이다'라는 말로, 좋은 것과 나쁜 것이 섞이면 좋고 나쁨을 구별하지 못한다는 뜻.

출전

《포박자(抱朴子)》 외편 상박(外編 尙博)에 나오는 고사. 내용을 요약해보면, "… 천박한 시부(詩賦)를 감상하는가 하면, 뜻 깊은 제자백가의 책을 하찮게 여기며, 유식한 금언(金言)을 가볍게 생각한다. 그래서 참과 거짓이 전도되고, 옥과 돌이 뒤섞이며(玉石混淆) 아악(雅樂)과 같은 것으로 보고 아름다운 옷도 누더기로 보니 참으로 한탄스럽기 그지없다."이다.

온고지신 溫故知新

(익힐 온, 옛 고, 알 지, 새 신)

옛 것을 익히고 그것으로 미루어 새 것을 앎을 이르는 말.

출전

《논어(論語)》 〈위정편(爲政篇)〉에 나오는 공자의 말 중에 "溫故而知新可以爲師矣(옛 것을 알고 새 것을 알면 남의 스승이 될 수 있다)"는 구절에서 유래되었다. 남의 스승이 된 사람은 고전에 대한 박식만으로는 안 된다. 즉 고전을 연구하여 거기서 현대나 미래에 적용될 수 있는 새로운 도리를 깨닫는 것이 아니면 안 된다는 것을 이름이다.

와신상담 臥薪嘗膽

(누울 와, 땔나무 신, 맛볼 상, 쓸개 담)

'섶 위에서 잠을 자고 쓸개를 핥는다'는 말로, 목적을 달성하기 위해 온갖 고난을 참고 견딤을 이르는 뜻.

출전

춘추 시대, 월왕(越王)과 취리에서 싸워 크게 패한 오왕(吳王) 부차는 아버지의 원수를 갚기 위해 우언을 잊지 않으려고 '섶 위에서 잠을 자고(臥薪)' 자기 방을 드나드는 신하들에게는 방문 앞에서 부왕의 유명을 외치게 했다. 또한 구천은 오나라의 속령(屬領)이 된 고국으로 돌아오자 항상 곁에다 쓸개를 놔두고 앉으나 서나 그 쓴맛을 맛보며(嘗膽) 회계산의 치욕을 상기했다는 고사다.

용두사미 龍頭蛇尾

(용 룡, 머리 두, 뱀 사, 꼬리 미)

'용의 머리에 뱀의 꼬리'라는 말로, 시작은 거창했지만 결국엔 하잘 것 없음을 뜻함.

출전

어느 날 스님 진존자가 어떤 중을 만났는데 그는 대화중 "에잇!" 하며 호령했다. 얼마 후 역시 "에잇!"하는 것이었다. 이에 진존자가 그를 '이 중은 참 도를 깨치지는 못했어. 아마 용의 머리에 뱀의 꼬리이야.' 라고 생각했다. 그런 후 "그대는 '에잇! 에잇!' 하고 위세가 좋은데 무엇으로 마무리 지을 생각인가?"라고 하자 이 말을 알아듣고 뱀 꼬리처럼 사라졌다.

우공이산 愚公移山

(어리석을 우, 공변될 공, 옮길 이, 메 산)

'우공이 산을 옮긴다'는 말로, 어떤 큰일이라도 끊임없이 노력하면 반드시 이루어짐을 이른다는 뜻.

출전

《열자(列子)》 '탕문편(湯問篇)'에 나오는 고사. 먼 옛날 태행산과 왕옥산 사이의 좁은 땅에 우공(愚公)이라는 90세 노인이 살고 있었다. 그런데 사방 700리에 높이가 만 길이나 되는 두 산에 지름길 내겠다며 행동에 옮겼다. 놀란 사신은 옥황상제에게 호소했다. 옥황상제는 우공의 노력에 감탄해 두 아들에게 태행산은 삭동 땅에, 왕옥산은 옹남 쪽으로 옮겨놓게 했다.

우화등선 羽化登仙

(깃 우, 될 화, 오를 등, 신선 선)

'깃이 되어 하늘에 올라 신선이 된다'는 말로, 사람이 신선이 되어 하늘로 올라감을 뜻함.

출전

우화(羽化)라는 말은 원래 번데기가 날개 있는 벌레로 바뀐다는 뜻이다. 따라서 우화등선이란 땅에 발을 붙이고 살게 되어 있는 사람이 날개가 돋친 듯 날아 올라가 신선이 된다는 뜻으로 일종의 이상 동경이라 할 수 있다. 이 말은 소동파의 전적벽부(前赤壁賦)에 나온다.

월단평 月旦評

(달 월, 아침 단, 평론할 평)

'매달 첫날의 평'이란 말로, 인물에 대한 비평을 일컫는 뜻.

출전

후한 말, 영제(靈帝) 때 젊은 조조의 이야기다. 당시 여남 땅에 허소와 사촌형 허정이 살고 있었다. 이들은 '매달 첫날(月旦)' 향당의 인물을 뽑아 비평했다. 어느 날, 조조가 찾아와 비평을 청했다. 그러자 허소가 "그대는 태평세월에서는 유능한 관리이되, 어지러운 세상에서는 간웅이 될 것이요"라고 하자 조조는 기뻐하며 황건적을 치기 위해 군사를 일으켰다고 한다.

위편삼절 韋編三絶

(가죽 위, 엮을 편, 석 삼, 끊을 절)

'가죽으로 맨 책 끈이 세 번이나 끊어졌다'는 말로, 독서에 힘씀을 이르는 뜻.

출전

고대 중국에서의 책은 대나무를 직사각형으로 잘라(竹簡-죽간) 거기에 글씨를 쓴 여러 장을 가죽 끈으로 엮어 이은 것이었다. 위편(韋編)은 가죽 끈을 가리키고 삼절(三絕)은 세 번만 끊어지는 것이 아니라 여러 번 끊어진다는 뜻이다. 이 말은 《사기》의 '공자세가(孔子世家)'에 나온다. 공자가 만년에 역경(易經) 읽기를 좋아하여 '讀易韋編三絕(엮은 죽간의 끈이 여러 번 끊어지도록 읽었다)'라고 했다.

유방백세 流芳百世

(흐를 유, 향기 방, 일백 백, 대 세)

'꽃다운 이름이 많은 세대까지 흐른다'는 말로, 꽃다운 이름이 후세에 길이 전함을 이르는 뜻.

출전

동진시대, 환온은 대사마(大司馬)에 임명되었다. 환온은 군사대권을 장악하고 중원을 회복함으로써 자신의 명망을 높여 스스로 황제가 되려고 했다. 환온은 일찍이 '대장부가 훌륭한 명성을 후세에 전할 수 없다면, 죽은 뒤 나쁜 이름이라도 세상에 남겨야 한다'고 말했다. 61세, 그는 병상에서도 야망을 버리지 않았으나, 재상 사안의 저지로 야심을 이루지는 못했다.

은감불원 殷鑑不遠

(은나라 은, 거울 감, 아니 불, 멀 원)

'은나라의 거울은 멀지 않다'는 말로, 이전의 실패를 거울로 삼는다는 뜻.

출전

은(殷)나라의 마지막 왕 주왕(紂王)은 포학한 폭군이었다. 그가 변하게 된 것은 북방 오랑캐 유소씨를 정벌한 후 공물로 받은 달기를 만나면서부터다. 주지육림(酒池肉林) 속에 빠지자 충신들이 충언을 하다가 처형되었다. 서백(西伯) 또한 "은왕조의 시조인 탕왕(湯王)에게 주벌당한 하왕조의 걸왕(桀王)을 거울삼아 멸망에 이르는 전철을 밟지 말라"고 했다가 유폐되었다.

읍참마속 泣斬馬謖

(울 읍, 벨 참, 말 마, 일어날 속)

'울면서 마속을 벤다"는 말로, 1)법의 공정을 지키기 위해 사사로운 정(情)을 버림, 2)큰 목적을 위해 자기가 아끼는 사람을 가차 없이 버린다는 뜻.

출전

《촉지(蜀誌)》〈마속전(馬謖傳)〉에 보면 촉나라 건흥 5년(227) 3월, 촉나라의 제갈량은 가정(街亭)의 싸움에서 자기의 명령을 따르지 않고 사마의인과 싸우다가 패한 부장(部將) 마속을 과거의 정에 얽매이지 않고 목을 베어 전군의 본보기로 삼았다. 마속이 형장으로 끌려갈 때 제갈량은 소맷자락으로 얼굴을 가리고 마룻바닥에 엎드려 울었다는 고사다.

이도살삼사 二桃殺三士

(두 이, 복숭아 도, 죽일 살, 석 삼, 무사 사)

'두 개의 복숭아로 세무사를 죽이다'라는 말로, 교묘한 계략으로 상대를 죽이는 것을 뜻함.

출전

안자춘추(晏子春秋)》〈간(諫)〉 하(下)에 보면, 제나라 경공에게 경호원으로 장수 공손접(公孫接), 고야자(古冶子), 전개강(田開疆) 등 세 사람이 있었다. 그들은 힘과 공을 빌어, 법과 위계질서를 무시했다. 참다못한 재상 안영이 이들을 제거하기 위해 만수금도(萬壽金桃)라는 대접만한 복숭아 두 개를 놓고 스스로 자멸하게 한 것이다.

이목지신 移木之信

(옮길 이, 나무 목, 어조사 지, 믿을 신)

'위성자가 나무 옮기기로 백성들을 믿게 한다'라는 말로, 곧 1)남을 속이지 아니한 것을 밝힘, 2)약속을 실행한다는 뜻.

출전

진나라 효공 때 재상 상앙은 법률을 제정해 놓고 공포하지 않았다. 그는 백성들에게 믿음을 주기 위해 남문에 길이 3장의 나무를 세워놓고 이렇게 써 붙였다. '이 나무를 북문으로 옮기면 십 금을 주리라' 그러나 아무도 없었다. 그래서 오십 금으로 붙였더니 옮기는 사람이 있었다. 그는 약속대로 오십 금을 준 후 법령을 공포하자 백성들이 법을 잘 지켰다고 한다.

인면수심 人面獸心

(사람 인, 낯 면, 짐승 수, 마음 심)

'사람의 얼굴에 짐승의 마음'이란 말로, 성질이 잔인하고 흉악한 짐승 같은 사람을 뜻함.(원래는 한족들이 흉노를 멸시하여 쓰던 말이었다.)

출전

《한서》 '흉노전'에 보면, 흉노족들은 해마다 한나라의 북방 국경을 침범해 괴롭혔다. 기원전 133년, 한 무제는 흉노 정벌에 나서 수년 동안의 전투를 겪으며 그들의 침공을 막아냈다. 동한시대의 역사가 반고(班固)는 "오랑캐들은 매우 탐욕스럽게 사람과 재물을 약탈하는데, 그들의 얼굴은 비록 사람 같으나 성질은 흉악하여 마치 짐승같다"라고 기록했다.

일각위상 一脚爲相

(한 일, 다리 각, 될 위, 재상 상)

'한쪽 다리로 재상이 되었다'는 말로, 신체가 불우한 사람이 크게 출세한 것이나 그러한 사람도 성공할 수 있다는 뜻.

출전

윤지완(尹趾完)은 파평인으로 호는 동산(東山), 시호는 충정(忠貞)으로 조선 숙종 때 사람이다. 그는 다리에 종기가 나서 부득이 한쪽 다리를 절단하고 말았다. 하지만 그런 몸으로 출세하여, 우의정에 임명되면서 '일각위상(一脚爲相)' 했는데 그를 외발 재상이라 불렀다. 또 그가 청백리(淸白吏)로 선정되기도 했다.

일거량득 一擧兩得

(한 일, 들 거, 두 량, 얻을 득)

한 가지 일로써 두 가지 이익을 거둔다는 말.

출전

진나라 혜문왕 때의 일이다. 사마조(司馬錯)는 어전에서 중원으로의 출병을 반대하는 말을 진언했다. "…지금 진나라는 국토도 협소하고 백성들이 빈곤합니다. 이것을 한꺼번에 해결하려면 먼저 막강한 진나라의 군사로 촉 땅의 오랑캐를 정벌하는 것입니다. 그러면 국토는 넓어지고 백성들의 재물은 쌓일 것이옵니다. 이야말로 '일거양득' 아니겠습니까?…"라고 했다.

일망타진 一網打盡

(한 일, 그물 망, 칠 타, 다할 진)

'한 번 그물을 쳐서 물고기를 다 잡는다'는 말로, 범인들이나 어떤 무리를 한꺼번에 모조리 잡는다는 뜻.

출전

북송 4대 황제인 인종 때다. 청렴한 재상 두연(杜衍)이 내강을 묵살하다가 비난의 대상이 되었다. 마침 관직에 있던 사위 소순흠이 공금을 유용했다. 그러자 평소 두연과 좋지 않은 어사 왕공진이 소순흠을 문초했다. 따라서 그와 가까운 사람들을 모두 공범으로 잡아넣은 후 두연에게 보고했다. "범인들을 일망타진(一網打盡)했습니다" 이 사건으로 두연도 재임 70일 만에 재상 직에서 물러나고 말았다.

일이관지 一以貫之

(한 일, 써 이, 꿸 관, 어조사 지)

'하나로 꿰었다'는 말로, 하나의 이치로써 모든 것을 꿰뚫었다는 뜻.

출전

《논어(論語)》'위령공편(衛靈公篇)'에서 공자가 한 말이다. 공자가 말하였다. "사야, 너는 내가 많이 배워서 모든 이치를 다 아는 사람이라고 생각하느냐?" 그러자 자공이 "그렇습니다. 그럼 그렇지 않다는 말씀입니까?"라고 했다. 이에 공자는 "아니다. 나는 한 가지 이치로 모든 일을 꿰뚫느니라(非也 予一以貫之)"라고 했다.

일취사몽 一炊之夢

(한 일, 밥 지을 취, 어조사 지, 꿈 몽)

'밥을 한번 짓는 동안의 꿈'이란 말로, 헛된 영화나 덧없는 일을 뜻함.

출전

심기제(沈旣濟)가 쓴 《침중기(枕中記)》에 나온 이야기다. 당나라 현종(玄宗)때, 노생(盧生)이 한단 장터에서 신세를 한탄한 후 졸고 있었다. 이때 도사 여옹(呂翁)이 보따리 속에서 양쪽에 구멍이 뚫린 도자기 베개를 꺼내 주자 그것을 베고 잠들었다. 그는 잠든 동안 일생의 경력을 모두 꿈꾸었다는 고사에서 나온 말이다.

자포자기 自暴自棄

(스스로 자, 사나울 포, 스스로 자, 버릴 기)

스스로 자신을 학대하고 돌보지 아니함.

출전

전국시대 맹자(孟子)는 《이루편》에서 "자포(自暴)하는 사람과는 더불어 대화를 나눌 수가 없다. 자기(自棄)하는 사람과도 더불어 행동을 할 수가 없다. 입만 열면 예의 도덕을 헐뜯는 것을 자포라고 한다. 한편 도덕의 가치를 인정하면서도 인(仁)이나 의(義)라는 것은 자기와는 무관한 것이라고 생각하는 것을 자기(自棄)라고 한다…"라고 했다.

전문거호후문진랑 前門据虎後門進狼

(앞 전, 문 문, 막을 거, 범 호, 뒤 후, 문 문, 나아갈 진, 이리 랑)

'앞문의 호랑이를 막으니 뒷문의 이리가 나온다'는 말로, 하나의 재난을 피하자 또 다른 재난이 이어 나타나는 것을 뜻함.

출전

후한의 장제(章帝)가 죽자 열 살의 어린 나이로 제위에 화제(和帝)가 올랐다. 외삼촌 두현이 화제를 죽이고 제위에 오르려고 하다가 발각되고, 화제는 환관 정중(鄭衆)을 시켜 두씨 일족을 제거하도록 했다. 이때 두현은 체포 직전에 자살했다. 이후 정중이 권력을 쥐면서 후한은 결국 자멸했다. 이것을 두고 명나라 조설항이 "前門据虎 後門進狼"라고 했다.

전전긍긍 戰戰兢兢

(무서워 떨 전, 조심할 긍)

두려워서 벌벌 떨며 조심하는 모양.

출전

《시경(詩經)》 〈소아편(小雅篇)〉 '소민(小旻)' 나오는 고사. '不敢暴虎(감히 맨손으로 범을 잡지 못하고), 不敢憑河(감히 걸어서 강을 건너지 못한다), 人知其一(사람들은 그 하나는 알고 있지만), 莫知其他(그 밖의 것은 전혀 알지 못하네), 戰戰兢兢(두려워서 벌벌 떨며 조심하기를), 如臨深淵(마치 깊은 연못에 임하듯 하고), 如履薄氷(살얼음을 밟고 가듯 하네)'

전전반측 輾轉反側

(구를 전, 구를 전, 되돌릴 반, 곁 측)

'돌아눕다가, 구르다가, 돌이키다가, 엎드린다'는 말로, 근심과 걱정으로 잠을 이루지 못하는 것을 뜻함.

출전

《시경(詩經)》 '국풍(國風)'의 '關關雎鳩(관관저구)'에 있는 말이다. 원문은 '(關關雎鳩 在河之洲)구룩구룩 물수리는 강가 섬에 있도다. 窈窕淑女 君子好逑(요조숙녀는 군자의 좋은 짝이로다). 參差荇菜 左右流之(올망졸망 마름풀 따려고 이리저리 헤치면서), 窈窕淑女 寤寐求之(요조숙녀를 자나 깨나 그리며), 求之不得 寤寐思服(구하여도 얻을 수 없어 자나 깨나 그 생각뿐), 悠哉悠哉 輾轉反側(끝없는 이 마음 잠 못 이뤄 뒤척이네)'

전차복철 前車覆轍

(앞 전, 수레 차, 엎어질 복, 바퀴자국 철)

'앞 수레가 엎어진 바퀴자국'이란 말로, 앞사람의 실패를 거울삼아 주의하라는 뜻.

출전

전한 문제 때 가의(賈誼)라는 명신이 있었다. 그가 상주한 글에 있는 고사. "속담에 '앞 수레의 엎어진 바퀴 자국(前車覆轍)'은 뒷 수레를 위한 교훈(後車之戒)이란 말이 있습니다. 진나라가 일찍 멸망한 것은 잘 알려진 일이온데, 만약 진나라가 범한 과오를 피하지 않는다면 전철을 밟게 될 뿐이옵니다. 국가존망, 치란의 열쇠가 실로 여기에 있사오니 통촉하시오소서."

전화위복 轉禍爲福

(바꿀 전, 재앙 화, 할 위, 복 복)

'재앙이 바뀌어 복이 된다'는 말로, 언짢은 일이 원인이 되어 오히려 다른 좋은 일을 보게 됨을 이르는 뜻.

출전

전국시대 합종책(合從策)으로 6국(한, 위, 조, 연, 제, 초)의 재상을 겸임했던 종횡가(縱橫家) 소진(蘇秦)은 이런 말을 한 적이 있다. 옛날에 일을 잘 처리했던 사람은 화를 바꾸어 복을 만들었고(轉禍爲福) 실패한 것을 바꾸어 공으로 만들었다(因敗爲功). 어떤 불행한 일이라도 끊임없는 노력과 강인한 의지로 힘쓰면 불행을 행복으로 바꾸어 놓을 수 있다는 말이다.

정차탁마 切磋琢磨

(끊을 절, 탄식할 차, 쫄 탁, 갈 마)

'뼈, 상아, 옥, 돌 따위를 깎고 갈고 닦아서 빛을 낸다'는 말로, 학문이나 기예 따위를 힘써 갈고 닦음을 뜻함.

출전

언변과 재기가 뛰어난 자공(子貢)이 어느 날 스승인 공자에게 이렇게 물었다. 자공이 공자에게 물었다. "시경(詩經)에 '선명하고 아름다운 군자는 뼈나 상아를 잘라서 줄로 간 것(切磋)처럼 또한 옥이나 돌을 쪼아서 모래로 닦은 것(研磨)처럼 밝게 빛나는 것 같다'고 나와 있는데 이는 선생님이 말씀하신 '수양에 수양을 쌓아야 한다'는 것을 말한 것 일까요?"

정중지와 井中之蛙

(우물 정, 가운데 중, 어조사 지, 개구리 와)

'우물 안 개구리'라는 말로, 식견이 좁음을 뜻함.

출전

장자(莊子) 《추수편(秋水篇)》에 북해의 해신인 약(若)이 황하의 하신인 하백(河伯)에게 "우물 안 개구리가 바다를 말할 수 없는 것은 자기가 살고 있는 곳에 구애받기 때문이다. 여름벌레가 얼음을 말할 수 없는 것은 여름밖에 모르기 때문이다. 한가지 일밖에 모르는 사람과 도를 말할 수 없는 것은 자기가 배운 것에 속박되어 있기 때문이다."

조강지처 糟糠之妻

(술지게미 조, 쌀겨 강, 어조사 지, 아내 처)

'술지게미와 쌀겨로 끼니를 이으면서 고생하던 아내'란 말로, 몹시 가난하고 천할 때에 고생을 함께 겪어온 아내를 뜻함.

출전

《후한서(後漢書)》〈송홍전(宋弘傳)〉에 보면, 후한 광무제는 미망인 누이 호양공주를 시집보내려고 물었다. 그러자 대사공 송홍을 찍었다. 마침 송홍이 공무로 편전에 들어오자 광무제는 누이를 병풍 뒤에 숨기고 그에게 물었다. 그러자 송홍은 서슴지 않고 "신은 가난할 때 친하였던 친구는 잊어서는 안 되고, 지게미와 쌀겨를 먹으며 고생한 아내는 집에서 내보내지 않는다고 들었습니다(臣聞 貧賤之交不可忘 糟糠之妻不下堂)"라고 했다.

조령모개 朝令暮改

(아침 조, 영 령, 저물 모, 고칠 개)

'아침에 영을 내리고 저녁에 고친다'는 말로, 일관성 없는 정책을 빗대는 뜻임.

출전

전한(前漢)시기에 어사대부 조착(조錯)은 흉노족이 침범해 곡식약탈을 자행하자, 부족한 곡식문제를 해결할 수 있는 상소문 '논귀속소(論貴粟疏)'을 올렸다. "홍수와 가뭄을 당하여 갑자기 세금을 징수하고 부역을 동원하니, 세금과 부역의 시기가 정해지지 않은 것은 아침에 영을 내리고 저녁에 고치는 결과를 초래하게 되는 것입니다."

조삼모사 朝三暮四

(아침 조, 석 삼, 저물 모, 넉 사)

'아침에 세 개, 저녁에 네 개' 라는 말로,
간사한 잔꾀로 남을 속여 희롱함을 뜻함.

출전

송나라에 저공(狙公)이라는 사람이 있었다. 그는 원숭이를 기르고 있었는데, 점점 그 수가 늘어나 먹이를 줄이기로 했다. 그래서 원숭이에게 물었다. "너희들이 먹는 도토리를 아침에 세 개, 저녁엔 네 개(朝三暮四)씩 주겠다." 그러자 원숭이들은 화를 냈다. 그래서 그는 "아침에 네 개, 저녁엔 세 개(朝四暮三)씩 주마." 그러자 원숭이들은 모두 기뻐했다고 한다

주지육림 酒池肉林

(술 주, 못 지, 고기 육, 수풀 림)

'술로 못을 이루고 고기로 숲을 이룬다' 는 말로,
극히 호사스럽고 방탕한 주연(酒宴)을 뜻함.

출전

《사기(史記)》 〈은본기(殷本紀)〉에 '주왕(紂王)은 술과 여자를 좋아했다. 특히 달기(己)를 사랑해 무슨 말이나 모두 들어주었다.…사구(沙丘)에 큰 놀이터와 별궁을 짓고 많은 들짐승과 새들을 거기에 놓아길렀다. …술로 못을 만들고 고기를 달아 숲을 만든 다음(以酒爲池懸肉爲林) 남녀가 벌거벗고 그 사이에서 밤낮없이 술을 퍼마시며 즐겼다' 고 되어 있다.

중과부적 衆寡不敵

(무리 중, 적을 과, 아니 부, 대적할 적)

적은 수효가 많은 수효를 대적하지 못한다는 말.

출전

《맹자(孟子)》〈양혜왕편(梁惠王篇)〉에 나오는 고사. 전국시대 맹자가 왕도를 역설하기 위해 제나라 선왕을 만났다. 맹자는 소국 추와 대국 초가 싸우면 어느 쪽이 승리하겠냐며 묻자 선왕은 초나라가 이긴다고 했다. 그러자 맹자는 "그렇다면 소국은 결코 대국을 이길 수 없고 '소수는 다수를 대적하지 못하며(衆寡不敵)' 약자는 강자에게 패하기 마련이옵니다… "

중구난방 衆口難防

(무리 중, 입 구, 어려울 난, 막을 방)

'많은 사람들의 입을 막기는 어렵다'는 말로,
많은 사람들이 떠들어대면 막기 어렵다는 뜻.

출전

《십팔사략(十八史略)》에 보면, 소공(召公)이 주여왕의 탄압정책에 반대하며 충언했다. "백성의 입을 막는 것은 개천을 막는 것보다 어렵습니다(防民之口 甚於防川). 강물이 막혔다가 터지면 사람이 많이 상하게 됩니다. 백성들도 이와 마찬가지입니다. 그러므로 강을 다스리는 사람은 강물이 흘러가도록 하고, 백성을 다스리는 사람은 백성이 생각하는 바를 말로 할 수 있게 해야 합니다."

지록위마 指鹿爲馬

(가리킬지, 사슴 록, 할 위, 말 마)

'사슴을 가리켜 말이라고 한다'는 말로,
윗사람을 농락하여 권세를 마음대로 휘두르는 짓을 뜻함.

출전

《사기(史記)》〈진시황본기(秦始皇本紀〉에 보면, 조고(趙高)가 모반을 일으키려 하였다. 그는 신하들을 시험하기 위해, 사슴을 황제에게 바치면서 말하였다. "이것은 말입니다." 황제가 웃으며 "승상, 농담도 잘 하시오. 사슴을 가지고 말이라니요? 그대들 눈에도 말로 보이오?"(趙高欲爲亂 恐群臣不聽 乃先設驗 持鹿獻於二世曰馬也 二世笑曰 丞相誤邪 謂鹿爲馬).

지어지앙 池魚之殃

(못 지, 고기 어, 갈 지, 재앙 앙)

'연못 속 물고기의 재앙'이란 말로, 1)화가 엉뚱한 곳에 미침,
2)상관없는 일의 재난에 휩쓸려 듦을 뜻함.

출전

춘추시대 송나라에 있었던 일이다. 환퇴라는 사람이 진귀한 보석을 가지고 있었다. 그는 죄를 짓자 보석을 가지고 종적을 감췄다. 그러자 환퇴의 보석이 탐난 왕은 환관을 시켜 그를 찾아냈다. 그는 도망칠 때 궁궐 앞 연못 속에 던져 버렸다고 했다. 그러자 왕은 신하에게 명하여 연못의 물을 다 퍼냈지만 보석은 끝내 발견되지 않았다. 연못의 물을 퍼 없애는 바람에 결국 애꿎은 물고기들만 죽고 말았다.

전복후계 前覆後戒

(앞 전, 넘어질 복, 뒤 후, 경계할 계)

'앞의 수레가 넘어지면 뒤의 수레에 경계가 된다'는 말로, 앞사람의 실패는 뒷사람의 경계가 된다는 뜻.

출전

중국 전한의 문인 가의(賈誼)는 낙양 사람으로 문제를 섬겨 여러 제도를 개혁하고 장사왕과 양나라 회왕의 태부가 되었다. 양나라의 태부였을 때 그는 상소하여 정치에 대한 자신의 견해를 밝혔다. "속담에 말하기를 '관리가 되어 익숙하지 않거든 이미 이루어 진 일을 보라(不習爲史 視已成事)' 고 했고, 또 '앞 수레가 넘어진 것은 뒤의 수레에 경계가 된다(前車覆 後車戒)' 고 하였습니다…"

창해일속 滄海一粟

(푸를 창, 바다 해, 한 일, 조 속)

'푸른 바다 속에 있는 좁쌀 한 톨'이라는 말로, 아주 작고 보잘것없는 것을 뜻함.

출전

북송의 명문장가 소식(蘇軾:소동파)은 당송 8대가의 한 사람으로 산문과 시에 뛰어났다. 그가 지은 '적벽부(赤壁賦)'는 천하의 명문이다. 원문을 보면, '…작은 배를 타고 술바가지와 술동이를 들어 술을 서로 권하니, 우리의 인생이 하루살이처럼 짧고 우리 몸은 푸른 바다 속에 있는 한 톨 좁살(滄海一粟)같구나. 아, 우리의 삶이란 너무도 짧구나. 어찌하여 장강(長江)처럼 다함이 없는가.'

천고마비 天高馬肥

(하늘 천, 높을 고, 말 마, 살찔 비)

'하늘이 높고 말이 살찐다'는 말로,
하늘이 맑고 오곡백과가 무르익는 가을을 뜻함.

출전

은나라 초기에 중국 북방에서 일어난 흉노는 2000년 동안 북방 변경의 농경 지대를 끊임없이 침범 약탈해 온 유목민족이었다. 그래서 고대 중국의 군주들은 흉노의 침입을 막기 위해 늘 고심했지만 소용이 없었다. 그래서 북방 변경의 중국인들은 '하늘이 높고 말이 살찌는(天高馬肥)' 가을만 되면 언제 흉노가 쳐들어올지 몰라 전전긍긍했다는 데서 유래되었다.

천금매소 千今買笑

(일천 천, 이제 금, 살 매, 웃음 소)

'천금을 주고 미소를 사다'라는 말로,
비싼 대가를 치르고 사랑하는 여인에게서 미소를 짓게 하는 것.

출전

《열국지(列國志)》에 보면 포사는 평생 동안 한 번도 웃어본 적이 없는 여자다. 포사를 총애한 유왕은 누구든지 그녀를 웃기면 천금을 주겠다고 했다. 이때 괵석보가 봉화(烽火)를 올렸다가 제후들이 허탕치고 돌아가는 것을 보면, 웃을지 모르겠다고 했다. 그래서 유왕은 그렇게 실행했고 그것을 본 포사가 마침내 웃자 괵석보에게 천금을 주었다는 데서 유래한 고사다.

천도시비 天道是非

(하늘 천, 길 도, 옳을 시, 그를 비)

'천도는 맞는 것인가 틀린 것인가' 라는 말로, 인간의 얄궂은 운명에 대해 한탄하는 뜻임.

출전

한(漢)나라 무제 때, 대문장가인 사마천(司馬遷)은 태사령이었다. 흉노와 대적하다가 포로가 된 이릉(李陵)을 혼자 감싸다가 무제에게 미움을 당해 궁형(거세하여 내시로 만드는 형벌)을 당했다. 정당한 일을 정당하게 주장하다 형을 받은 자신의 처지와 비교하여 쓴 《사기(史記)》〈열전편(列傳篇)〉 '백이숙제열전(伯夷叔齊列傳)' 에 天道是耶非耶을 잘 표현했다.

천려일실 千慮一失

(일천 천, 생각할 려, 한 일, 잃을 실)

'천 가지 생각 가운데 한 가지 실책' 이란 말로, 지혜로운 사람이라도 많은 생각을 하다보면 하나쯤은 실책이 있을 수 있다는 뜻.

출전

한신이 조나라로 쳐들어가 대승을 거두었다. 이때 적장 이좌거가 포로가 되어 한신 앞에 끌려나왔다. 한신은 그를 맞아 주연을 베풀어 위로했다. 그러면서 한나라의 천하통일을 도와달라고 몇 번을 청했다. 그러자 "패장이 듣기로는 '지혜로운 사람이라도 많은 생각을 하다보면 반드시 하나쯤은 실책이 있다(智者千慮 必有一得)' 고 했습니다…라고 했다.

천리안 千里眼

(일천 천, 마을 리, 눈 안)

'천리를 내다보는 눈'이란 말로, 먼 곳에서 일어나는 일을 잘 알아낸다는 뜻.

출전

《위서(魏書)》〈양일전(楊逸傳)〉에 나오는 고사. 남북조시대의 북위(北魏) 장제(莊帝) 때의 일이다. 광주자사가 된 양일은 관리들의 부정부패를 일거수일투족을 꿰뚫고 있어 사람들은 그를 천리안(千里眼)이라 하였다. 그가 이런 별명을 얻게 비밀은 많은 정보원들을 사용하여 곳곳의 일들을 빠짐없이 보고하게 했기 때문이다.

천의무봉 天衣無縫

(하늘 천, 옷 의, 없을 무, 꿰맬 봉)

'하늘나라 사람의 옷은 솔기나 바느질한 흔적이 없다'는 말로, 시가(詩歌)나 문장 따위가 매우 자연스럽게 잘 되어 흠이 없음을 뜻함.

출전

곽한이란 사람이 뜰에 나와 낮잠을 즐기고 있는데, 하늘에서 아름다운 여자가 내려왔다. 곽한이 놀라 누구냐고 묻자 여자가 대답했다. "저는 하늘에서 온 직녀입니다." 곽한이 그녀의 옷을 훑어보니 어느 곳에도 꿰맨 자국이 없었다. 그 까닭을 묻자 선녀는 이렇게 대답했다. "저희들이 입은 천의(天衣)는 원래 실이나 바늘을 사용하지 않는답니다."

천재일우 千載一遇

(일천 천, 해 재, 한 일, 만날 우)

'천 년에 한 번 만날 수 있는 기회'란 말로,
좀처럼 만나기 어려운 기회를 뜻함.

출전

동진의 학자 원굉의 유명한 작품은 〈문선〉에 수록된 '삼국명신서찬(三國 名臣序贊)'이다. 이것은 건국 명신 20명에 대한 행장기(行狀記)인데, 그중 위나라의 순문약을 찬양한 글에서 원굉은 '백락(伯樂)을 만나지 못하면 천 년이 지나도 천리마 한필을 찾아내지 못한다(夫末遇伯樂則 千載無一驥)'고 했다. 즉 명신의 만남이 결코 쉽지 않다는 것을 비유하고 있다.

철면피 鐵面皮

(쇠 철, 낯 면, 가죽 피)

'굴에 쇠가죽을 썼다'는 말로, 얼굴에 철판을 깐 듯 수치를 모르는 뻔뻔스러운 사람이나 그 행동을 이르는 뜻함.

출전

《북몽쇄언》을 보면, 옛날 중국에 왕광원(王光遠)이란 진사가 있었다. 그는 출세욕이 넘쳐, 권력가와 교분을 맺기 위해서는 어떤 창피를 당해도 무시하고 웃어넘기는 뻔뻔스런 인물이었다. 이런 왕광원을 가리켜 사람들은 '광원의 낯가죽은 두껍기가 열 겹의 철갑(鐵甲)과 같다.(光遠顔厚如十重鐵甲)' 라고 말했다.

철부지급

轍(魚+付)鳧之急

(수레바퀴자국 철, 붕어 부, 어조사 지, 급할 급)

'수레바퀴 자국 속에 있는 붕어의 위급함'이란 말로, 곤궁한 처지나 다급한 위기를 뜻함.

출전

장자(=장주)는 집안이 매우 가난하여 어느 날 먹을 쌀을 꾸러 감하후(監河侯)에게 갔다. 그러자 그는 세금을 거두면 돈으로 빌려주겠다는 핑계를 대며 빌려주지 않자, 장자가 '수레바퀴 자국 속에 있는 붕어의 위급함'으로 답했다. 장자의 이런 비유를 듣고 감하후는 아무 변명도 하지 못하고 빌려주었다고 한다.

청운지지

青雲之志

(푸를 청, 구름 운, 어조사 지, 뜻 지)

'푸른 구름의 뜻'이란 말로, 높은 지위에 오르려는 욕망을 뜻함.

출전

장구령은 현종 때의 어진 재상이었다가, 간신 이임보의 모략으로 파직되어 초야에 묻혀 여생을 보냈다. 그가 재상의 자리에서 물러났을 때의 읊은 시에 사용된 말이다. 내용은 '옛날 청운의 뜻을 품고 벼슬길에 나아갔는데, 다 늙은 지금에 와서 차질을 빚게 되었다. 누가 알리요 밝은 거울 속의 그림자와 그것을 보고 있는 내가 서로 측은히 여기고 있는 것을'이다.

청천백일 青天白日

(푸를 청, 하늘 천, 흰 백, 날 일)

'푸른 하늘에 쨍쨍하게 빛나는 해라'는 말로, 1)맑게 갠 대낮, 2)원죄가 판명되어 무죄가 되는 일을 뜻함.

출전

당나라 중기, 당송팔대가(唐宋八大家)의 한 사람인 한유가 외직에 있는 그 벗을 최군을 기리며 편지 '與崔群書'를 보냈다. "…현명한 사람이든 어리석은 사람이든 모두 자네를 흠모하는 까닭은 무엇일까? 봉황과 지초가 상서로운 조짐이라는 것은 누구나 다 알고 있는 일이며 '청천백일'이 맑고 밝다는 것은 노예인들 모를 리 있겠는가?"

♣ '청천백일'이란 말은 최군의 인품이 청명(淸明)하다는 것이 아니라 최군처럼 훌륭한 인물은 누구든지 알아본다는 뜻.

청천벽력 青天霹靂

(푸를 청, 하늘 천, 벼락 벽, 벼락 력)

'맑은 하늘에서 치는 벼락'이란 말로, 뜻밖의 재난이나 변고를 뜻함.

출전

남송 시인 육유(陸遊)의 오언고시(五言古詩) '9월4일 계미명기작(九月四日鷄未鳴起作)'에 나오는 고사. '放翁病過秋(병상에 누워 있던 늙은이가 가을이 지나려 함에) 忽起作醉墨(홀연히 일어나 취한 듯 붓을 놀린다) 正如久蟄龍(정말로 오랫동안 웅크린 용과 같이) 青天飛霹靂(푸른 하늘에서 벽력이 날리는 듯하다)…'

청출어람 青出於藍

(푸를 청, 날 출, 어조사 어, 쪽 람)

'쪽(藍)에서 나온 푸른 물감이 쪽빛보다 더 푸르다'는 말로, 열심히 학문에 정진하면 제자가 스승보다 더 뛰어날 수 있음을 뜻함.

출전

전국시대의 유학자로서 성악설을 창시한 순자(荀子)의 글에 나오는 고사. 원을 보면, '學不可以已(학문은 그쳐서는 안 된다) 青取之於藍(푸른색은 쪽에서 취했지만) 而青於藍(쪽빛보다 더 푸르고) 氷水爲之(얼음은 물이 이루었지만) 而寒於水(물보다도 더 차다)이다.

♣ 쪽 : 마디풀과의 일년초로 잎은 남빛을 물들이는 물감의 원료로 쓰임.

초미지급 焦眉之急

(태울 초, 눈썹 미, 어조사 지, 급할 급)

'눈썹에 불이 붙은 급한 상태'란 말로, 아주 위급한 상태를 뜻함.

출전

고승 불혜선사(佛慧禪師)는 왕명으로 대상국 지혜선사의 주지승으로 임명되었다. 그러자 사문을 불러 왕명을 받드는 것이 옳은지 아니지를 물었다. 아무런 대답이 없자 선사는 붓을 들어 게(偈)를 썬 후 앉은 채 입적했다. 선사가 살아있을 때 한 사문이 물었다. "선사님, 세상에서 어느 경지가 가장 다급합니까?" 그러자 선사는 "눈썹을 태우는 일이다"라고 했다.

촌철살인 寸鐵殺人

(마디 촌, 쇠 철, 죽일 살, 사람 인)

'촌철은 손가락 한개 폭정도의 무기를 말하는데, 작은 무기로도 사람을 죽일 수 있다'는 말로, 날카로운 경구(警句)와 같은 간단한 말로도 남의 급소나 약점을 찌를 수 있음을 뜻함.

출전

남송(南宋)의 유학자 나대경(羅大經)이 쓴 《학림옥로(鶴林玉露)》는 밤에 집으로 찾아온 손님들과 나눈 담소를 기록한 책이다. 촌철살인(寸鐵殺人)은 종고선사가 선(禪)에 대해 말한 대목에 있다. "어떤 사람이 무기를 한 수레 가득 싣고 왔다고 해서 살인을 할 수 있는 것이 아니다. 나는 오히려 한 치도 안 되는 칼만 있어도 사람을 죽일 수 있다…"

치인설몽 痴人說夢

(어리석을 치, 사람 인, 말씀 설, 꿈 몽)

'어리석은 사람이 꿈 얘기를 한다'는 말로,
앞뒤 분별없이 아무렇게나 지껄이는 것을 뜻함.

출전

중국 남송(南宋)의 석혜홍(釋惠洪)이 지은 《냉재야화(冷齋夜話)》〈권9〉에 보면, 당나라 때 서역(西域)의 고승 승가(僧家)가 지금의 안후이성(安徽省) 근처를 여행하고 있을 사람들과 주고받은 농담이 실려 있다. 이것이 참인 줄 알고 승가의 비문을 쓴 당나라 문인 이옹(李邕)을 석혜옹이 평할 때 쓴 말이다. 원문은 '正所謂對痴人說夢耳 李邕遂以夢爲眞 眞痴絕也'

칠보지재 七寶之材

(일곱 칠, 걸음 보, 어조사 지, 재주 재)

'일곱 걸음을 옮기는 사이에 시를 지을 수 있는 재주'라는 말로, 아주 뛰어난 글재주를 뜻함.

출전

《세설신어(世說新語)》〈문학편(文學篇)〉에 나오는 고사. 조조가 살아 있을 때 맏아들 비보다 시재가 우수한 셋째 식을 더 좋아했다. 조조가 죽자 비는 헌제(獻帝)를 폐하고 스스로 문제(文帝)라 일컫고 국호를 위라고 했다. 어느 날, 문제는 동아왕으로 책봉된 식을 불러 "일곱 걸음을 옮기는 사이에 시를 짓도록 하라. 짓지 못할 땐 중벌을 면치 못할 것이다"라고 했다. 식은 걸음을 옮기며 '부모를 같이하는 친형제간인데 어째서 이다지도 심히 핍박하는가'라는 뜻의 칠보시(七步詩)를 짓자 문제는 얼굴을 붉히며 부끄러워했다고 한다.

차계기환 借鷄騎環

(빌릴 차, 닭 계, 탈 기, 돌아갈 환)

닭을 빌려 타고 돌아간다'는 말로, 손님을 박대하는 것을 빗대어 빈정대는 뜻임.

출전

조선 성종 때의 문신 서거정이 엮은 《태평환화골계전》에 나오는 설화다. 김 선생이 친구 집을 방문하였다. 술을 내왔는데 안주가 채소뿐이었다. 친구의 사정을 이해한 그는 뜰에 있는 닭들을 발견했다. 대뜸 그는 자신이 타고 온 말을 안주로 하겠다고 했다. 그러자 친구는 어떻게 돌아가겠냐고 묻자 얼른 "닭을 빌려 타고 가면 되네."라고 했다. 그제야 말뜻을 알아챈 친구가 크게 웃더니 곧바로 닭 한 마리 잡았다.

타산지석 他山之石

(남 타, 뫼 산, 어조사 지, 돌 석)

'다른 산의 거친(쓸모없는) 돌이라도 옥(玉)을 가는 데에 소용이 된다'는 말로, 1)다른 사람의 하찮은 언행일지라도 자기의 지식이나 인격을 닦는 데에 도움이 됨의 비유,
2)쓸모없는 것이라도 쓰기에 따라 유용한 것이 될 수 있음을 뜻함.

출전

《시경(詩經)》'소아편(小雅篇)' 에 나오는 한 구절이다. '樂彼之園(즐거운 저 동산에는) 爰有樹檀(박달나무 심겨있고) 其下維穀(그 밑에는 닥나무 있네) 他山之石(다른 산의 돌이라도) 可以攻玉(이로써 옥을 갈 수 있네)'
♣ 타산지석 가이공옥(他山之石 可以攻玉)은 돌(石)을 소인(小人)에 비유하고 옥(玉)을 군자(君子)에 비유하여, 군자도 소인에 의해 수양과 학덕을 쌓아 나갈 수 있음을 이르는 말.

태공망 太公望

(클 태, 공변될 공, 바랄 망)

'무위(無爲)한 나날을 보냄'다는 말로, 낚시를 즐기는 낚시꾼을 일컬음.

출전

어느 날 주나라 여상(呂尙)이란 노인이 위수에서 낚시를 하고 있었다. 때마침 주나라 문왕(文王)이 사냥을 나왔다가 그를 보았다. 그는 고기를 낚는 것도 아니요, 그렇다고 낮잠을 자는 것도 아니었다. 말을 걸었는데 상당한 병략가(兵略家)로서 학문도 깊고 덕망 있는 인물이라는 것을 알고 뜻을 같이 하자고 제의했다. 그는 문왕을 도와 은나라를 멸망시킨 인물이다.

태두 泰斗

(클 태, 별이름 두)

'태산과 북두칠성'을 말하는데, 어떤 분야에서 빼어나 사람들이 우러러보는 존재나 혹은 어떤 분야의 권위자를 뜻함.

출전

《당서(唐書)》'한유전(韓愈傳)'에 보면, '당나라가 일어난 이후로 한유는 육경(六經)의 문장으로 모든 학자를 가르치고 인도하는 스승이 되었다. 한유가 죽은 후에는 그의 학문과 문장이 더욱 흥성하여 사람들은 그를 태산북두(泰産北斗)처럼 우러러 존경했다.'에서 유래된 말이다.

♣ 태 : 중국 제일의 명산. 산동성의 태안에 있는 오악(五嶽) 중의 하나인 동악(東嶽)으로, 중국에서는 옛날부터 태산을 성산(聖山)으로 추앙해 왔음.

♣ 북두: 북두칠성(北斗七星)을 가리키는 말로 남에게 존경받는 훌륭한 인물에 비유하고 있음.

태산홍모 泰山鴻毛

(클 태, 뫼 산, 기러기 홍, 털 모)

'높고 큰 산과 기러기 털'이란 말로, 매우 무거운 것과 아주 가벼운 것, 곧 경중(輕重)의 차이가 매우 큼을 뜻함.

출전

사마천의 《보임소경서》에 나온 고사. '死或重於泰山, 或輕於鴻毛(사람은 본래 한번 죽는 것인데, 그 죽음이 혹 태산보다 무겁기도 하고, 혹은 기러기 털보다도 가볍기도 한 것은 죽음으로써 나아가는 바가 다르기 때문입니다)'

토사구팽 兎死狗烹

(토끼 토, 죽을 사, 개 구, 삶을 팽)

'토끼사냥이 끝나면 사냥개는 삶아 먹힌다'는 말로, 쓸모가 있을 때는 긴요하게 쓰이다가 쓸모가 없어지면 헌신짝처럼 버려진다는 뜻.

출전

한신이 유방에게 반심으로 의심받아 체포되면서 한 말이다. "狡兎死良狗烹(교활한 토끼를 사냥하고 나면 좋은 사냥개는 삶아 먹히고), 高鳥盡良弓藏(하늘 나는 새를 잡으면 좋은 활은 곳간에 처박히며), 敵國破謀臣亡(적국을 쳐부수고 나면 지혜 있는 신하는 버림을 받는다)"고 했다. 고조는 한신을 죽이지 않고 회음후로 좌천시켜 주거를 장안으로 제한했다.

퇴고 推敲

(옮길 추/밀 퇴, 가릴 고)

'문장의 마지막 손질'을 말하는데, 퇴고의 '敲'를 '稿'로도 사용한다. 읽을 때엔 '퇴고'라고도 한다.

출전

당나라 시인 가도가 나귀를 타고 가면서 '제이응지유거'라는 시를 구상하고 있었다. 그러나 마지막 구절이 정리되지 않았다. 생각에 잠겨 있는 동안 나귀가 한유의 행차대열에 뛰어들었다. 그는 한유에게 깊이 사죄하고 솔직히 경위를 설명하였다. 그러자 한유가 "그건 敲라고 하면 좋겠네." 라고 했다. 그래서 문장을 다듬는 것을 '추고(推敲)'라고 말하게 되었다.

파경

破鏡
(깨뜨릴 파, 서울 경)

'깨진 거울'이라는 말로,
부부간에 금슬이 좋지 않아 이별을 하거나 이혼하는 것을 뜻함.

출전

수나라의 침공으로 진(陳)이 망하자, 서덕언(徐德言)은 아내에게 증표로 거울을 깨뜨려(破) 주면서 내년 정월 보름날 장안에서 팔도록 했다. 1년 후 서덕언은 장안에서 팔고 있는 깨진 거울을 맞춰보고 시를 짓는다. 이때 심부름 갔던 사람이 사연을 말하자 그의 아내는 침식을 폐하고 울기만 했다. 이것을 알게 된 앙소는 두 사람의 굳은 사랑에 감동되어 즉시 서덕언을 불러 그녀와 함께 고향으로 돌아가게 해주었다.

파렴치한

破廉恥漢
(깨어질 파, 청렴할 렴, 부끄러울 치, 사나이 한)

'염치와 부끄러움을 깨뜨리는 사나이'라는 말로,
염치를 모르는 뻔뻔한 사람을 뜻함.

출전

관자(管子)의 '목민편'에 보면, 나라를 버티게 하는 네 가지 덕목이 나온다. 예의염치(禮義廉恥)가 그것으로 일명 '四維(사유)'라고도 한다. 그런데 사유 중 하나가 없으면 나라가 기울게 되고, 둘이 없으면 위태롭게 되며, 셋이 없으면 뒤집어지고, 모두 없으면 그 나라는 파멸을 면하지 못하게 된다고 했다. 따라서 파렴치가 판을 치게 되면 나라가 위태롭게 된다.

파로대 罷露臺

(파할 파, 이슬 로, 대 대)

'지붕 없는 정자 만들기를 그만 두다'는 말로, 정자 하나를 만드는 예산이 열 집의 재산과 같으므로 그만두었다는 것이다. 민정(民政)에 마음 쓰는 것을 뜻함.

출전

《사기(史記)》의 〈효문제기〉에 나오는 고사. 황제가 지붕 없는 정자를 만들 마음으로 설계를 시켰더니 예산으로 백금(百金)이 들겠다고 하였다. 백금은 중산층 열 집의 재산과 맞먹는 돈이었다. 황제는 자신을 위해 그런 큰돈을 쓸 수 없다고 토대 짓는 공사를 중지시켰다. 이처럼 황제가 민정에 마음을 쓰는 것을 가리켜 '파로대(罷露臺)' 라고 하였다.

파죽지세 破竹之勢

(깨뜨릴 파, 대나무 죽, 어조사 지, 형세 세)

'대나무를 쪼갤 때와 같은 기세'라는 말로,
세력이 강대하여 감히 막을 수 없도록 거침없이 적을 물리치고 쳐들어가는 당당한 기세를 뜻함.

출전

위나라의 권신 사마염은 원제를 폐하고 스스로 제위에 올라 무제라 일컫고, 국호를 진이라고 했다. 무제가 두예(杜預)에게 오나라 출병을 명하자 장수들이 반대했다. 그러자 두예가 "지금 아군의 사기는 '대나무를 쪼개는 기세요(破竹之勢)' 대나무란 처음 두세 마디만 쪼개면 그 다음부터는 칼날이 닿기만 해도 저절로 쪼개지는 법인데, 어찌 이런 절호의 기회를 버린단 말이오."라고 했다.

파천황 破天荒

(깨뜨릴 파, 하늘 천, 거칠 황)

'천황을 깨뜨린다'는 말로,
이전에 아무도 하지 못한 큰일을 처음 시작함을 뜻함.

출전

중국에서 관리가 되려면 지방시험인 향시를 거쳐 중앙시험인 회시를 모두 합격해야 한다. 이런 합격자를 거인이라고 한다. 형주의 많은 선비들이 과거를 보지만 거인이 나오지 않았다. 그러자 사람들은 "형주는 천황(天荒)의 지방이라 인지가 발달되지 않은 곳이다"라고 했다. 그런데 중 유세(劉稅)라는 집의 서생이 처음으로 거인이 되자 사람들은 "파천황(破天荒)이다. 드디어 형주도 개명될 때가 왔다."라고 했다.

평지풍파 平地風波

(평평할 평, 땅 지, 바람 풍, 물결 파)

'고요한 땅에 바람과 물결을 일으킨다'라는 말로,
공연한 일을 만들어 사태를 시끄럽게 함을 뜻한.

출전

중당(中唐)의 대표적 시인 유우석(劉禹錫)은 '죽지사(竹枝詞)'에서 이렇게 읊고 있다. '구당은 시끄럽게 열두 여울인데, 사람들은 말하기를 길이 예로부터 힘들다고 한다. 사람들이 맘이 물과 같지 않음을 길 게 한탄하여, 한가히 평지에서 파란을 일으킨다(等閑平地起波瀾). 이 절구는 시인이 그 당시의 민가를 바타으로 하여 지은 흥겹운 시이다.

포류지자 蒲柳之姿

(부들 포, 버들 류, 어조사 지, 맵시 자)

'강버들의 맵시라' 는 말로, 몸이 허약한 것을 뜻함.

출전

동진(洞晉)의 고열지는 간문제(簡文帝)와 동갑이었지만 머리카락이 하얗게 세어 간문제가 물었다. "경의 머리는 왜 그렇게 하얗게 세었소?" 그러자 고열지는 "蒲柳之姿 望秋而落 松柏之質 經霜彌茂(포류의 모습을 한 자는 가을을 앞에 두고 잎이 떨어지지만, 송백지질은 서리를 겪고도 더욱 잎이 무성한 법입니다)"라고 했다.

포호빙하 暴虎憑河

(맨손으로 칠 포, 범 호, 도섭할 빙, 물 하)

'맨손으로 범을 잡고, 걸어서 강을 건넌다' 라는 말로,
만용을 믿고 되는대로 행동하는 것을 뜻함.

출전

공자의 제자 자로는 인정받고 싶다는 욕심에 이렇게 말했다. "서생님은 삼군(三軍)을 통솔한다면 누구와 함께 하시겠습니까?" 이에 공자는 자로에게 "모든 일을 용기만으로 되는 것이 아니고, 용기 이전에 신중한 검토와 그에 대한 대책이 앞서야 한다"며 자로에게 타일렀다. 결국 자로는 '포효빙하' 하는 성질을 못 이겨 뒷날 난(亂)에 휩쓸려 목숨을 잃고 말았다.

풍수지탄 風樹之嘆

(바람 풍, 나무 수, 어조사 지, 탄식할 탄)

'바람과 나무의 탄식' 이란 말로,
어버이가 돌아가시어 효도하고 싶어도 할 수 없는 슬픔을 뜻함.

출전

공자가 슬피 울고 있는 고어(皐魚)라는 사람을 만났다. 공자가 우는 까닭을 묻자 "… 樹欲靜而風不止(아무리 나무가 조용히 있고 싶어도 불어온 바람이 멎지 않으니 뜻대로 되지 않습니다), 子欲養而親不待(마찬가지로 자식이 효도를 다하려고 해도 그때까지 부모는 기다려주지 않습니다.… 저는 이제 이대로 서서 말라 죽으려고 합니다)"라고 대답했다.

한단지보 邯鄲之步

(땅이름 한, 나라 이름 단, 어조사 지, 걸음 보)

'한단지방의 걸음걸이' 라는 말로,
자신의 본분을 잊고 남의 흉내를 내면 양쪽을 다 잃게 됨을 이르는 뜻.

출전

장자 《추수편》의 이야기로 전국시대, 조나라 한단사람들의 걷는 모습이 특별히 멋있었다고 한다. 연나라 수릉의 한 청년이 한단사람들의 걸음걸이를 배우기 위해 그곳으로 갔다. 몇 달이 자났지만 그는 한단 사람들의 걸음걸이 법을 배울 수 없었다. 뿐만 아니라 자신의 원래 걷는 법마저도 잊어버리고 말았다. 결국 그는 네 발로 기어서 자기 나라로 돌아갔다.

한우충동 汗牛充棟

(땀 한, 소 우, 찰 충, 용마루 동)

'소가 땀을 흘릴 만큼 실은 무게와 용마루에 받힐 만큼 쌓인 양'이란 말로, 책이 매우 많음을 이르는 뜻.

출전

중국 당(唐)나라의 문장가 유종원(柳宗元)이 《육문통선생묘표(陸文通先生墓表)》라는 글에 나온 말이다. "공자가 《춘추(春秋)》를 지은 지 1,500년이 되었고 《춘추전》을 지은 사람이 다섯 사람, 온갖 주석 한 학자들이 1,000명에 달한다. …其爲書處則充棟宇 出則汗牛馬(…그들의 저서나 장서의 엄청남이란, 건물을 꽉 메우고 꺼내어 운반하면 수레를 끄는 마소도 땀을 흘린다)"

해로동혈 偕老同穴

(같이 해, 늙을 로, 같을 동, 굴 혈)

'살아서는 같이 늙고 죽어서는 한 곳에 묻힌다'는 말로, 생사를 같이 하는 부부의 사랑과 맹세를 뜻함.

출전

《시경(詩經)》에 나온 말로 해로(偕老)란 말은 패풍(風)의 격고편(擊鼓篇), 용풍(風)의 군자해로편(君子偕老篇), 위풍(衛風)의 맹편(氓篇)에 모두 임과 함께 늙고자 한다는 뜻으로 되어 있고, 동혈이란 말은 왕풍(王風)의 대거편(大車篇)에 나온다. '살아서는 방을 달리해도, 죽으면 무덤을 같이 하리라(死則同穴). 나를 참되지 않다지만, 저 해를 두고 맹세하리.'

해오화 解語花

(풀릴 해, 말씀 어, 꽃 화)

'말하는 꽃'이란 말로, 용모가 절색인 미인을 가리킬 때에 쓰임.

출전

현종과 양귀비가 한창 사랑에 빠진 어느 초여름 날. 현종은 양귀비를 비롯하여 여러 후궁을 이끌고 태액지(太液池)로 산책을 나갔다. 그 당시 태액지라는 연못에는 연꽃이 막 피어 아름다운 자태를 뽐내고 있었다. 현종은 연꽃을 한참 동안 바라보더니 이렇게 말했다. "연꽃의 아름다움도 말을 헤아리는 이 꽃(解語花)에는 미치지 못하지 않느냐?"

형설지공 螢雪之功

(개똥벌레 형, 눈 설, 어조사 지, 공로 공)

'개똥벌레와 눈으로 이룬 공'이란 말로,
갖은 고생을 하며 부지런히 학문을 닦음을 뜻함.

출전

진나라의 차륜이 어려서부터 책을 많이 읽었는데 가난하여 기름을 넉넉히 얻지 못했다. 그래서 여름철이면 명주 주머니에 수십 마리의 반딧불을 담아 책을 비추며 읽기를 밤낮으로 계속하여, 훗날 벼슬이 상서랑에 이르렀다. 지금 사람들이 공부방의 창을 형창이라 함은 여기에서 말미암은 것이다.

호가호위 狐假虎威

(여우 호, 거짓 가, 범 호, 위엄 위)

'여우가 호랑이의 위세를 빌어 다른 짐승을 놀라게 한다'는 말로, 실력이나 능력이 없는 사람이 남의 권세를 빌어 위세를 부림을 뜻함.

출전

전국시대 초나라 선왕 때 일이다. 어느 날 선왕은 위나라에서 사신이 왔다가 그의 신하가 된 강을(江乙)에게 물었다. "위나라를 비롯한 북방 제국이 우리 재상 소해휼을 두려워하고 있다는데 그게 사실이오?" "그렇지 않사옵니다. 북방 제국이 어찌 일개 재상에 불과한 소해휼 따위를 두려워하겠나이까. 전하, 혹 호가호위란 말을 알고 계시옵니까?"에서 유래되었다.

호사유피 虎死留皮

(호랑이 호, 죽을 사, 남길 유, 거죽 피)

'호랑이는 죽어 가죽을 남긴다'는 말로,
사람에게는 재물보다도 명예가 소중함을 뜻함. 호사유피(虎死留皮) 인사유명(人死留名)에서 온 말.

출전

《오대사(五代史)》'왕언장전(王彦章傳)'의 이야기다. 양나라에 왕언장이라는 장수가 있었다. 그는 우직하고 솔직한 성격으로 싸울 때마다 항상 쇠창을 들었기 때문에 왈철창이라고도 불렸다. 그는 평소 속담을 통해 자신의 생각을 말하기를 좋아했다. 그는 입버릇처럼 "호랑이는 죽어 가죽을 남기고, 사람은 죽어 이름을 남긴다."라고 했다.

호연지기 浩然之氣

(넓을 호, 그럴 연, 어조사 지, 기운 기)

1)하늘과 땅 사이에 가득 찬 넓고도 큰 원기, 2)도의에 뿌리를 박고 공명 정대하여 조금도 부끄러울 바 없는 도덕적 용기, 3)사물에서 해방되어 자유롭고 즐거운 마음을 이르는 말.

출전

전국시대의 맹자에게 제나라 출신인 제자 공손추(公孫丑)의 문답에서 나온 말이다. 즉 '호연지기'란 평온하고 너그러운 화기(和氣)를 말하는 것으로서 천지간에 넘치는 지대(至大), 지강(至剛)하고 곧으며 이것을 기르면 광대무변한 천지까지 충만 한다는 원기(元氣)를 말한다. 그리고 이 기(氣)는 도와 의에 합치하는 것으로서 도의(道義)가 없으면 시들고 만다고 했다.

호접지몽 胡蝶之夢

(오랑캐 호, 나비 접, 어조사 지, 꿈 몽)

'오랑캐 나비의 꿈'이란 말로,
자아와 외계와의 구별을 잊어버린 경지나, 물아일체의 경지를 비유하는 말로 때로는 인생의 무상함을 뜻함.

출전

장자(莊子)의 우화(寓話)에 나오는 말이다. 어느 날 장자(莊子)가 꿈을 꾸었다. 꽃과 꽃 사이를 훨훨 날아다니는 즐거운 나비 그 자체였다. 그러나 깨어보니 자기는 분명 장주였다. 꿈이 현실인가? 현실이 꿈인가?. 그 사이에 도대체 어떤 구별이 있는 것인가? 추구해 나가면 인생 그 자체가 하나의 꿈이 아닌가.

혼정신성

昏定晨省

(어두울 혼, 정할 정, 새벽 신, 살필 성)

'저녁에 이부자리를 보고, 아침에 자리를 돌아본다'는 말로, 자식이 아침저녁으로 부모의 안부를 물어서 살핌을 뜻함.

출전

혼정(昏定)은 밤에 잘 때 부모의 침소에 가서 밤새 안녕하시기를 여쭙는 일이고, 신성(晨省)은 이른 아침에 부모의 침소에 가서 밤새의 안부를 살핌을 말한다. 따라서 아침저녁 부모의 안부를 물어서 살핌을 '혼정신성'이라고 한다.

홍일점

紅一點

(붉을 홍, 한 일, 점 점)

'붉은 점 하나'란 말로, 많은 남자들 틈에 오직 한 사람의 여자가 있는 것을 뜻함.

출전

북송 신종 때 신법당(新法黨) 지도자 왕안석(王安石)이 재상에 임명되자 부국강병을 위한 '왕안석 개혁'을 실시했다. 반대도 있었지만 신종의 지지로 중단 없이 실행되었다. 당송 팔대가의 한사람인 그의 '석류시(石瑠詩)'에 나온 말이다. '萬綠叢中 紅一點(많은 푸른 잎 가운데 한 송이 붉은 꽃) 動人春色 不須多(사람을 움직이는 봄빛 많은들 무엇하리)'

화룡점정 畵龍點睛

(그림 화, 용 룡, 점찍을 점, 눈동자 정)

'용을 그리는데 눈동자에 점을 찍는다'는 말로,
어떤 일을 함에 있어 가장 요긴한 부분을 손댐으로써 그 일을 완성시킴을 뜻함.

출전

양(梁)나라의 장승요(張僧繇)가 금릉에 있는 안락사(安樂寺)에 용 두 마리를 그렸지만 눈동자를 그리지 않았다. 사람들이 까닭을 묻자 "눈동자를 그리면 용이 당장 날아가 버릴 것이요"라고 대답하였다. 사람들이 믿지 않자 그는 용 한 마리에 눈동자를 그려 넣었다. 순간 천둥과 번개가 치며 용이 하늘로 올라가 버렸다. 눈동자를 그리지 않은 용은 그대로 남아 있었다.

화서지몽 華胥之夢

(빛날 화, 서로 서, 갈 지, 꿈 몽)

'화서의 꿈'이란 말로,
좋은 꿈이나 낮잠, 혹은 자연무위(自然無爲)의 태평한 나라를 뜻함.

출전

《열자(列子)》의 〈황제편(黃帝篇)〉에 나오는 고사. 먼 옛날 중국 최초의 성천자(聖天子)로 알려진 황제(공손헌원)가 어느 날, 낮잠을 자다가 꿈속에서 화서씨(華胥氏)의 나라에 놀러가 안락하고 평화로운 이상경을 보았다. 꿈에서 깨어나자 크게 깨달은 바가 있어, 그 후 황제가 '도'의 정치를 베푼 결과 천하가 잘 다스려졌다고 한다.

화씨지벽 和氏之璧

(화할 화, 각시 씨, 갈 지, 둥근 옥 벽)

'화서의 꿈이' 란 말로, 좋은 꿈이나 낮잠을 뜻함.

출전

전국시대, 초나라에 변화씨(卞和氏)가 옥의 원석을 발견하여 황제에게 바쳤지만 돌로 판명되어 두 번이나 월형(발뒤꿈치를 자르는 형벌)을 당했다. 문왕이 즉위하여 변화씨의 말을 듣고 옥돌을 세공인에게 맡겼다. 옥돌을 갈고 닦자 천하의 명옥 모습이 나타났다. 이후 그의 이름을 따서 '화씨지벽' 이라고 명했다.

환골탈태 換骨奪胎

(바꿀 환, 뼈 골, 빼앗을 탈, 태 태)

'뼈를 바꾸고 태를 빼앗는다' 는 말로,
모습이 좋은 방향으로 완전히 달라짐을 뜻함.

출전

남송(南宋) 때 승려 혜홍(惠洪)이 쓴《냉재야화(冷齋夜話)》에 "황산곡(黃山谷)이 말하기를 시의 뜻은 무궁한데 사람의 재주는 끝이 있다. 끝이 있는 재주로 무궁한 뜻을 좇음은 불가능한 일이다. 그러나 그 뜻을 바꾸지 않고 그 말을 만드는 것을 가리켜 환골법(換骨法)이라 하고 그 뜻을 본받아 형용하는 것을 탈태법(奪胎法)이라 한다"에서 유래되었다.

후생가회 後生可畏

(뒤 후, 날 생, 가히 가, 두려울 외)

'젊은 후배들은 두려워할 만하다'는 말로,
젊은 후배들은 선인(先人)의 가르침을 배워 어떤 훌륭한 인물이 될지 모르기 때문에 가히 두렵다는 뜻이다.

출전

춘추시대의 대철학자이며 사상가인 공자가 말했다. "'젊은 후배들은 두려워할 만하다(後生可畏).' 장래에 그들이 지금의 우리를 따르지 못하리라고 어찌 알 수 있겠는가? 그러나 40세, 50세가 되어도 세상에 이름이 나지 않는다면 두려워할 바 없느니라."

♣ '후생가외'는 공자가 학문과 덕행이 가장 뛰어난 안회를 두고 한 말이라고 한다.

후안무치 厚顔無恥

(두터울 후, 낯 안, 없을 무, 부끄러워할 치)

'낯가죽이 두꺼워서 부끄러움이 없다'는 말로,
뻔뻔스러워 부끄러움을 모름을 뜻함.

출전

중국 하나라 계임금의 아들 태강은 정치를 돌보지 않고 사냥만하다가 나라를 빼앗겼다. 이에 다섯 형제들이 형을 원망하며 부른 노래가 《서경(書經)》 '오자지가(五子之歌)'에 수록되어 있다. 그중 막내가 부런 노래를 보면, '萬姓仇子 子將疇依(만백성들은 우리를 원수라 하니, 우리 장차 누구를 의지할꼬) 鬱陶乎子 心顔厚有(답답하고 섧도다, 이 마음, 낯이 뜨거워지고 부끄러워지누나)이다.

화이불동 和而不同

(화할 화, 말 이을 이, 아닐 불, 한 가지 동)

'남과 사이좋게 지내기는 하나 무턱대고 한데 어울리지 않는다'는 말로, 조화를 이루되 부화뇌동하지 않음을 뜻함.

출전

《논어》〈자로편〉에 나오는 말이다. 공자는 군자를 화이부동(和而不同) 하는 사람, 소인을 동이불화(同而不和)하는 사람이라고 규정하고 있다. 여기서의 화(和)는 남의 의견을 잘 조화하는 것이고, 동(同)은 맹목적으로 남의 의견을 따라가는 것이다. 이에 따라 공자는 조화를 제대로 실현하는 사람은 군자로 보았고, 그렇지 못한 사람은 소인으로 보았다.

고사성어

국가고시
수능, 논술,
취업, 면접,
승진 대비

법문북스

街談巷說(가담항설)
길거리나 마을에 떠도는 이야기로서 근거 없이 나도는 말들을 뜻한다.

비슷한 말 道聽塗說(도청도설)

苛斂誅求(가렴주구)
관리가 세금 따위를 가혹하게 받고 빼앗아 백성을 못살게 구는 가혹한 정치를 말한다.

비슷한 말 苛政猛於虎(가정맹어호) 塗炭之苦(도탄지고)

佳人薄命(가인박명)
여자의 용모가 빼어나고 재주가 많으면 운명이 기구함을 뜻한다.

비슷한 말 美人薄命(미인박명)

刻骨難忘(각골난망)
깊이 새기어 두고 은혜를 잊지 않음을 뜻한다.

비슷한 말 白骨難忘(백골난망) 結草報恩(결초보은)

角者無齒(각자무치)
한 사람이 여러 가지 복이나 재주를 갖출 수는 없음을 뜻한다.

刻舟求劍(각주구검)
판단력이 둔하여 시대나 상황의 변화를 모르는 어리석음을 뜻한다.

비슷한 말 守株待兎(수주대토)

肝膽相照(간담상조)
마음을 툭 터놓고 격의 없이 사귀며 친히 지냄을 이르는 말이다.

敢不生心(감불생심)
감히 그런 마음을 먹을 수도 없음을 뜻한다.

비슷한 말 焉敢生心(언감생심)

甘言利說(감언이설)
남의 비위를 맞추는 달콤한 말과 이로운 조건만 들어 상대방이 듣기 좋게 하는 말을 뜻한다.

비슷한 말 巧言令色(교언영색)

感之德之(감지덕지)
대단히 고맙게 여김을 말한다.

甘呑苦吐(감탄고토)
사리의 옳고 그름에 관계없이 제 비위에 맞으면 좋아하고 안 맞으면 싫어한다는 말이다.

* 呑: 삼킬 탄

甲男乙女(갑남을녀)
보통의 평범한 남녀를 가리킨다.

비슷한 말 匹夫匹婦(필부필부) 張三李四(장삼이사)
樵童汲婦(초동급부) 愚夫愚婦(우부우부)

甲論乙駁(갑론을박)
여러 사람이 서로 자기의 의견을 내세워 남의 의견을 반박함으로써 서로 논박함을 말한다.

* 駁: 논박할 박

江湖煙波(강호연파)
강이나 호수 위에 안개처럼 보얗게 이는 잔물결로 아름다운

자연의 풍경을 의미한다.

改過遷善(개과천선)
허물을 고쳐 착하게 됨을 일컫는다.
비슷한 말 改邪歸正(개사귀정)

蓋世之才(개세지재)
세상을 마음대로 다스릴만한 뛰어난 재주를 말한다.

去頭截尾(거두절미)
군더더기 말은 빼고 요점만 말함을 가리킨다.
비슷한 말 單刀直入(단도직입)

居安思危(거안사위)
편안할 때일수록 위험할 때를 대비함을 뜻한다.
비슷한 말 居安如危(거안여위) 有備無患(유비무환)

擧案齊眉(거안제미)
밥상을 눈높이로 받들어 올림을 뜻하는데, 아내가 남편을 극진히 공경함을 가리킨다.

乾坤一擲(건곤일척)
천지를 걸고 단판걸이로 승부를 겨룸을 말한다.
* 擲: 던질 척
비슷한 말 一擲乾坤(일척건곤)

乞骸骨(걸해골)
벼슬을 하는 동안 썼던 머리를 돌려받음을 말한다.
* 骸: 뼈 해

格物致知(격물치지)
사물을 철저히 연구하여 그 이치를 잘 알게 됨을 뜻한다.

隔世之感(격세지감)
세상이 많이 바뀌어서 딴 세상이 된 것 같은 느낌을 말한다.

비슷한 말 今昔之感(금석지감)

牽强附會(견강부회)
말을 억지로 끌어다가 이치에 맞추려 한다는 말이다.

비슷한 말 我田引水(아전인수) 自己合理化(자기합리화)

見利思義(견리사의)
눈앞에 이익이 보일 때 의리를 생각한다는 말이다.

犬馬之勞(견마지로)
임금과 나라에 충성을 다하는 자신의 노력을 낮추어 하는 말을 뜻한다.

비슷한 말 犬馬之役(견마지역) 犬馬之誠(견마지성)

見蚊拔劍(견문발검)
모기보고 칼을 빼듯이 하찮은 일에 화를 낸다는 뜻이다.

비슷한 말 割鷄牛刀(할계우도), 割鷄焉用牛刀(할계언용우도)

見物生心(견물생심)
어떤 물건을 보았을 때 갖고 싶은 욕심이 생기는 것으로, 소유욕을 경계하라는 뜻이 내포되어 있다.

見危致命(견위치명)
나라의 위태로움을 보고는 모숨을 아끼지 않고 나라를 위하여 싸움을 뜻한다.
비슷한 말 見危授命(견위수명)

堅忍不拔(견인불발)
굳게 참고 버티어 마음을 빼앗기지 아니함을 의미한다.

結者解之(결자해지)
일을 벌여 놓은 사람이 그것을 해결해야 함을 말한다.

結草報恩(결초보은)
풀을 엮어서 은혜를 갚는다는 뜻으로, 죽어서도 은혜를 갚음을 말한다.
비슷한 말 刻骨難忘(각골난망) 白骨難忘(백골난망)

兼人之勇(겸인지용)
혼자서 두 사람 이상 몫을 하는 빼어난 용기를 뜻한다.

輕擧妄動(경거망동)
경솔하고 분수없이 행동하는 것이다.
반대말 隱忍自重(은인자중)

經國濟世(경국제세)
나라를 다스리고 세상을 구한다는 뜻으로, 선비가 학문과 덕행을 연마하는 궁극적인 목적이 된다.
비슷한 말 經世濟民(경세제민) 濟世安民(제세안민)

傾國之色(경국지색)
나라를 위태롭게 할 만한 여성의 미모를 뜻한다.
비슷한 말 絶世佳人(절세가인) 絶代佳人(절대가인)
絶世美人(절세미인) 閉月羞花(폐월수화)

耕當問奴(경당문노)
농사짓는 일은 노비에게 물어야 하는 것처럼 일은 그 방면의 전문가에게 물음이 옳다는 뜻이다.

敬而遠之(경이원지)
겉으로는 존경하는 체하나 실제로는 가까이 하지 않음을 뜻한다.

經天緯地(경천위지)
하늘을 날줄로 삼고 땅을 씨줄로 삼아 천하를 다스린다는 뜻이다.

鷄口牛後(계구우후)
큰 집단의 말단보다는 작은 집단의 지도자가 되는 것이 나음을 말한다.

鷄卵有骨(계란유골)
달걀에도 뼈가 있다는 뜻으로 공교롭게 일이 방해됨을 이르는 말이다.

鷄肋(계륵)
닭갈비처럼 별 쓸모는 없으나 버리기는 아까운 것처럼 버릴 수도 없고 취할 수도 없는 경우를 말한다.

鷄鳴狗盜(계명구도)
학자가 배워서는 안 될 하찮은 재주를 가진 사람을 일컫는다.

股肱之臣(고굉지신)
다리와 팔뚝에 비길만한 신하라는 뜻으로, 임금이 가장 가까이 하며 신임하는 신하를 뜻한다.

膏粱珍味(고량진미)
기름진 고기와 곡식으로 만든 맛있는 음식을 말한다.

孤立無援(고립무원)
고립되어 도움을 받을 데가 없음을 의미한다.

鼓腹擊壤(고복격양)
정치가 잘 되어 백성들이 평안을 누리는 태평성대를 뜻한다.

비슷한 말 太平聖代(태평성대)

姑息之計(고식지계)
임시변통이나 한 때의 미봉으로 일시적인 안정을 얻기 위한 계책을 의미한다.

비슷한 말 彌縫策(미봉책) 凍足放尿(동족방뇨) 下石上臺(하석상대)

苦肉之策(고육지책)
어찌할 수가 없어 자신을 희생시키면서까지 내는 꾀를 말한다.

孤掌難鳴(고장난명)
한쪽 손바닥으로는 소리를 내기가 어렵듯이, 혼자만의 힘으로는 일을 하기가 어려움을 뜻한다.

苦盡甘來(고진감래)
고생을 다하면 낙이 옴을 이르는 말이다.

반대말 興盡悲來(흥진비래)

固執不通(고집불통)
고집이 세어 조금도 융통성이 없음을 말한다.

비슷한 말 膠柱鼓瑟(교주고슬)

高枕安眠(고침안면)
베게를 높이 하여 편히 자듯이, 근심 없이 편안히 잘 지냄을 이르는 말이다.

비슷한 말 高枕無憂(고침무우) 高枕而臥(고침이와)

曲學阿世(곡학아세)
배운 학문을 왜곡시켜 시류나 이익에 영합(迎合)함을 의미한다.

비슷한 말 御用學者(어용학자)

骨肉相爭(골육상쟁)
부자, 형제간의 심한 다툼 또는 같은 민족끼리 서러 다툼을 말한다.

비슷한 말 同族相殘(동족상잔)

空山明月(공산명월)
텅 빈 산위에 떠 있는 밝은 달이란 뜻으로, 보름달이 비추는 한밤 산속의 정경을 나타낸다.

空前絶後(공전절후)
전에도 없었고 앞으로도 있을 수 없음을 뜻한다.

비슷한 말 前無後無(전무후무)

空中樓閣(공중누각)
신기루(蜃氣樓)를 말하는데, 흔히 근거나 토대가 없는 사물이나 일을 의미한다.

誇大妄想(과대망상)
자기의 현재 상태를 실제보다 턱없이 크게 평가하여 사실인 것처럼 믿게 하는 것을 뜻한다.

過猶不及(과유불급)
지나침은 모자람과 같다는 말로, 지나침과 부족함은 낫고 못함을 따질 것이 없이 둘 다 잘못이라는 것이다.
* 여기서 猶(오히려 유)는 '못하다'로 해석하시지 말고 '같다'로 해석하셔야 합니다.

管鮑之交(관포지교)
관중과 포숙아의 우정으로서, 서로에 대한 믿음과 의리가 두터운 사람을 일컫는다. * 鮑: 절인 물고기 포
비슷한 말 金蘭之交(금란지교) 刎頸之交(문경지교)
金石之交(금석지교) 芝蘭之交(지란지교)
水魚之交(수어지교) 膠漆之交(교칠지교)
莫逆之友(막역지우)
반대말 市道之交(시도지교)

冠婚喪祭(관혼상제)
관례(冠), 혼례(婚), 상례(喪), 제례(祭)를 통틀어 이르는 말이다.

刮目相對(괄목상대)
학식이나 재주가 매우 높아 눈을 비비고 다시 볼 정도로 놀라운 성장을 일컫는 말이다.
* 刮: 비빌/닦을 괄

矯角殺牛(교각살우)
뿔을 고치려다 소를 죽인다는 말로, 조그만 결점이나 흠을 고치려다 수단이 지나쳐서 도리어 일을 크게 그르침을 의미한다.

巧言令色(교언영색)
남의 환심을 사기 위해 말을 교묘하게 하고 표정을 좋게 꾸밈을 의미한다.

비슷한 말 甘言利說(감언이설)
반대말 剛毅木訥(강의목눌) 誠心誠意(성심성의)

矯枉過直(교왕과직)

잘못을 바로 잡으려다가 지나쳐서 오히려 나쁘게 됨을 이르는 말이다.

* 枉: 굽을 왕

膠柱鼓瑟(교주고슬)

융통성이 없고 고집스런 경우, 즉 규칙에 얽매이어 변통할줄 모르는 사람을 일컫는다.

* 膠: 아교 교 * 瑟: 큰 거문고 슬

비슷한 말 固執不通(고집불통)

教學相長(교학상장)

배우는 것뿐만 아니라 가르쳐 보아야 학문을 성장시킬 수 있다는 말이다.

九曲肝腸(구곡간장)

굽이굽이 서린 창자라는 뜻으로, 굽이굽이 깊이 든 마음속이라는 말이다.

비슷한 말 九折羊腸(구절양장)

口蜜腹劍(구밀복검)

겉으로는 친절한체하나 속으로는 해칠 생각을 가짐을 비유하여 일컫는 말이다.

비슷한 말 面從腹背(면종복배) 笑裏藏刀(소리장도)
笑中有劍(소중유검)

九死一生(구사일생)

죽을 고비를 여러 차례 겪고 겨우 살아남을 뜻한다.

口尙乳臭(구상유취)
입에서 아직 젖내가 난다는 뜻으로, 상대의 능력을 얕잡아보고 하는 말이다.

九牛一毛(구우일모)
대단히 많은 것 중에서 아주 적은 부분 또는 아주 하찮고 미미한 존재를 뜻한다.

비슷한 말 滄海一粟(창해일속)

九折羊腸(구절양장)
양의 창자처럼 매우 구불구불하여 일이나 앞길이 매우 험난함을 뜻한다.

비슷한 말 九曲肝腸(구곡간장)

群鷄一鶴(군계일학)
많은 닭 중에 한 마리의 학으로. 수많은 사람들 가운데 걸출한 한 사람을 말한다.

비슷한 말 鷄群一鶴(계군일학) 鷄群孤鶴(계군고학)
白眉(백미) 壓卷(압권) 出衆(출중)

群雄割據(군웅할거)
많은 영웅들이 서로 자신의 땅을 근거지로 삼아 서로 뺏고 빼앗는 혼란한 상황을 말한다.

君子三樂(군자삼락)
군자의 세 가지 즐거움이란 말로, 맹자의 말에서 비롯된다. 첫째로 부모가 모두 살아 계시고 형제가 무고한 것, 둘째로 하늘을 우러러 부끄럼이 없고, 셋째로 천하의 수재를 얻어 교육하는 것을 군자삼락이라 한다.

權謀術數(권모술수)
남을 교묘하게 속이는 술책을 말한다.

權不十年(권불십년)
권력은 오래가지 못함을 이르는 말이다.
비슷한 말 勢不十年(세불십년) 花無十日紅(화무십일홍)

勸善懲惡(권선징악)
선을 권하고 악을 징계한다는 뜻으로, 우리생활의 커다란 지침이라 할 수 있다.

捲土重來(권토중래)
패한 사람이 세력을 길러 대단한 기세로 재차 공격해 옴을 말한다.
* 捲: 걷을/힘쓸 권, 말 권

克己復禮(극기복례)
사사로운 욕심을 누르고 예의범절(禮儀凡節)을 지킴을 의미한다.

近墨者黑(근묵자흑)
먹을 가까이 하는 사람은 검어진다는 말로서, 사람은 주변의 환경이나 친구의 영향을 받게 됨을 의미한다.
비슷한 말 近朱者赤(근주자적)

金科玉條(금과옥조)
금이나 옥같이 귀중하게 여기어 지킬 법규나 규정을 말한다.

金蘭之交(금란지교)
쇠처럼 단단하고 난초처럼 향기 그윽한 사람을 일컫는다.

비슷한 말 斷金之交(단금지교) 刎頸之交(문경지교)
金石之交(금석지교) 芝蘭之交(지란지교)
水魚之交(수어지교) 膠漆之交(교칠지교)
莫逆之友(막역지우) 管鮑之交(관포지교)

錦上添花(금상첨화)
아름다움에다 아름다움을 더하거나 좋은 것이 더해짐을 의미한다.

반대말 雪上加霜(설상가상)

金石盟約(금석맹약)
쇠나 돌처럼 굳은 약속을 뜻한다.

今昔之感(금석지감)
지금과 옛적을 비교할 때 차이가 너무 심하여 일어나는 느낌을 말한다.

비슷한 말 隔世之感(격세지감)

今時初聞(금시초문)
이제야 비로소 처음으로 들었다는 뜻이다. =今始初聞(금시초문)

錦衣夜行(금의야행)
비단옷을 입고 밤길을 가면 남들이 알아주지 않듯이, 출세를 하고 부귀를 차지해도 남들이 알아주지 않으면 쓸데없음을 일컫는다.

비슷한 말 衣錦夜行(의금야행) 繡衣夜行(수의야행)

반대말 錦衣晝行(금의주행)

錦衣還鄕(금의환향)
벼슬 또는 성공하여 고향에 돌아온다는 것이다.

金枝玉葉(금지옥엽)
황금으로 된 나뭇가지와 옥으로 만든 잎이란 뜻으로, 임금의 자손이나 귀여운 자손을 일컫는 말이다.

氣高萬丈(기고만장)
우쭐하여 기세가 대단하다.

起死回生(기사회생)
죽음의 위기에 처했다가 다시 살아남을 말한다.

奇想天外(기상천외)
보통사람이 짐작(斟酌)할 수 없을 정도로 엉뚱하고 기발(奇拔)한 생각을 말한다.

杞憂(기우)
기(杞)나라 사람이 하늘이 무너지지 않을까 걱정했다는 고사에서 나온 말로서, 장래에 대한 쓸데없는 걱정을 일컫는 말이다.

비슷한 말 杞人之憂(기인지우) 杞人憂天(기인우천) 吳牛喘月

氣盡脈盡(기진맥진)
몸이 쇠약하여 죽을 정도로 힘이 빠짐을 뜻한다.

비슷한 말 氣盡力盡(기진역진)

騎虎之勢(기호지세)
달리는 호랑이의 등을 타고 있으면 중간에 내릴 수 없듯이, 일을 중도에서 그만둘 수 없는 형편을 일컫는다.

비슷한 말 騎獸之勢(기수지세) 騎虎難下(기호난하)

落落長松(낙락장송)
오래되어 가지가 축축 늘어진 키 큰 소나무를 말하는데, 지조(志操)와 절개(節槪)를 지키는 충신의 모습을 비유(比喩, 譬喩)하는 말이다.

落花流水(낙화유수)
세월의 쇠잔영락(衰殘零落)함 또는 남녀가 서로 그리워하는 정을 비유한 말이다.

難攻不落(난공불락)
장애물이 너무나 견고해서 일을 이루기 어려움을 나타내는 말이다.

難兄難弟(난형난제)
두 사람의 능력이 서로 엇비슷하여 그 우열을 가릴 수 없음을 뜻한다.

비슷한 말 莫上莫下(막상막하) 伯仲之勢(백중지세)
伯仲之間(백중지간)

南柯一夢(남가일몽)
꿈과 같이 헛된 한때의 부귀영화(富貴榮華)를 일컫는다.

비슷한 말 邯鄲之夢(한단지몽) 南柯之夢(남가지몽)
南柯夢(남가몽) 槐夢(괴몽) 巫山之夢(무산지몽)
一場春夢(일장춘몽) 一炊之夢(일취지몽)
邯鄲夢枕(한단몽침)

南橘北枳(남귤북지)
남쪽의 귤이 북쪽에서는 탱자가 됨을 말하는데, 사람은 처한 상황에 따라 성품이 변함을 의미한다.

南男北女(남남북녀)
남쪽은 남자가 준수하고 북쪽은 여자가 아름답다는 것을 의미한다.

男女有別(남녀유별)
남자와 여자는 각각의 예(禮)로 구별해야 함을 말한다.

男負女戴(남부여대)
남자는 지고 여자는 인다는 말로, 가난한 사람이 살길을 찾아 이리저리 떠돌아다님을 의미한다.

濫觴(남상)
어떤 사물이나 일의 시작을 의미한다.

* 觴: 술잔 상

비슷한 말 嚆矢(효시) 權與(권여)

囊中之錐(낭중지추)
주머니속의 송곳이란 말로, 유능한 사람은 숨어 있어도 자연히 그 존재가 드러나게 됨을 의미한다.

* 囊: 주머니 낭 * 錐: 송곳 추

비슷한 말 毛遂自薦(모수자천) 錐處囊中(추처낭중)

内憂外患(내우외환)
나라 안팎의 여러 가지 근심과 걱정을 뜻한다.

怒甲移乙(노갑이을)
어떤 사람에게 당한 노여움을 다른 사람에게 화풀이 한다는 뜻이다.

路柳墻花(노류장화)
아무나 꺾을 수 있는 길가의 버들이나 담 밑의 꽃이란 뜻으로, 창녀(娼女)를 가리키는 말이다.

怒發大發(노발대발)
크게 화를 냄을 뜻한다.
비슷한 말 怒髮衝冠(노발충관)

勞心焦思(노심초사)
어떤 일을 할 때에 매우 애를 쓰고 속을 태운다는 말이다.

綠林豪傑(녹림호걸)
도둑이나 불한당을 부르는 병칭(竝稱)이다.
비슷한 말 綠林(녹림) 綠林豪客(녹림호객)
白浪(백랑)=白波(백파)=夜客(야객)

綠陰芳草(녹음방초)
늦봄과 여름날의 아름다운 경치를 말한다.

綠衣紅裳(녹의홍상)
젊은 여자의 고운 옷차림을 일컫는다.

論功行賞(논공행상)
공이 크고 작음을 논하여 상을 주는 것을 말한다.

弄瓦之慶(농와지경)
딸을 낳으면 장난감으로 와제(瓦製)의 실패를 주던 고사(故事)에 의하여, 딸을 낳은 즐거움을 뜻한다.
비슷한 말 弄瓦之喜(농와지희)

★ 弄璋之慶(농장지경)
아들을 낳으면 장난감으로 장(璋)이란 옥(玉)을 준 고사(故

事)에 의하여, 아들을 낳은 기쁨을 뜻한다.
비슷한 말 弄璋之喜(농장지희)

累卵之危(누란지위)
알을 쌓아 놓은 듯이 조금만 건드려도 쓰러질 것 같은 위험한 상태를 이르는 말이다.
비슷한 말 危如累卵(위여누란) 命在頃刻(명재경각)
風前燈火(풍전등화) 一觸卽發(일촉즉발)
百尺竿頭(백척간두) 風前燈燭(풍전등촉)
累卵之勢(누란지세) 累碁(누기)
焦眉之急(초미지급) 危機一髮(위기일발)

多岐亡羊(다기망양)
학문의 길은 여러 갈래여서 올바른 길을 찾기가 어렵다는 것을 표현한 말이다.

多多益善(다다익선)
양(量)이나 수(數)가 많을수록 좋음을 의미한다.

斷金之交(단금지교)
쇠를 자를 정도로 매우 절친한 친구사이를 말한다.
비슷한 말 斷金之契(단금지계)

斷機之戒(단기지계)
짜던 베도 도중에 자르면 쓸모없이 되듯이, 학문도 도중에 그만두지 말고 꾸준히 계속해야 한다는 가르침을 뜻한다.

單刀直入(단도직입)
여러 말하지 않고 곧바로 결론이나 요점을 말하는 것이다.
비슷한 말 去頭截尾(거두절미)

簞食瓢飮(단사표음)
도시락밥과 표주박 물이라는 뜻으로, 소박하고 청빈한 생활을 뜻한다.
* 簞: 도시락 단 * 食: 밥 사 * 瓢: 표주박 표

丹脣皓齒(단순호치)
붉은 입술과 하얀 이라는 뜻으로, 여인의 아름다운 얼굴을 말한다.

堂狗風月(당구풍월)
서당 개 삼년이면 풍월을 읊는다는 뜻으로, 어리석은 사람이라 할지라도 오랫동안 늘 보고 들은 일은 쉽게 해낼 수 있음을 의미한다.
비슷한 말 吟風弄月(음풍농월) 吟風?月(음풍영월)

螳螂拒轍(당랑거철)
자기 힘은 생각지도 않고 무모(無謀)하게 대항함을 비유한 말이다.
* 螳: 사마귀 당 * 螂: 사마귀 랑 * 轍: 바퀴자국 철
비슷한 말 螳螂之斧(당랑지부)

大驚失色(대경실색)
몹시 놀라 얼굴빛이 하얗게 변함을 말한다.
비슷한 말 啞然失色(아연실색) 愕然失色(악연실색)
* 啞: 벙어리 아 * 愕: 놀랄 악

大器晩成(대기만성)
큰 인물이 될 사람은 오랜 기간의 꾸준한 노력으로 이루어짐을 뜻한다.

大膽無雙(대담무쌍)
대담한 것으로 따져봤을 때 그와 상대할 만한 사람이 없다는 의미이다.

大同小異(대동소이)
작은 부분에서만 다르고 전체적으로는 같음을 말한다.

大義名分(대의명분)
사람으로서 당연히 지켜야 할 도리와 본분을 뜻한다.

德必有隣(덕필유린)
덕이 있으면 반드시 이웃이 따른다는 의미이다.

桃園結義(도원결의)
큰일을 도모하기 위해 뜻이 맞는 사람들끼리 서로 의리로서 맺는 일을 말한다.

道聽塗說(도청도설)
말을 들으면 깊이 생각하지 않고 다른 사람에게 전해 버리는 경솔(輕率)한 언행 또는 근거 없이 나도는 소문을 뜻한다.

비슷한 말 街談巷說(가담항설)

塗炭之苦(도탄지고)
진흙구덩이나 숯불 속에 떨어진 것 같은 괴로움을 나타내는 뜻으로, 생활이 몹시 곤란함을 말한다.

비슷한 말 苛斂誅求(가렴주구) 苛政猛於虎(가정맹어호)

獨不將軍(독불장군)
본래 의미는 일은 혼자 하기 어렵고 여럿이 같이 해야 함을 뜻하는데, 이는 변형되어 자기 멋대로 일을 처리하는 사람으로 일컫게 되었다.

讀書尚友(독서상우)
독서를 통해서 옛 선현과 사상적인 공감을 하여 마치 살아 있는 인물과 만나 사귀듯 하는 것을 말한다.

同價紅裳(동가홍상)
같은 값이면 다홍치마라는 말로, 같은 조건이면 품질이 좋은 것을 취한다는 뜻이다.

東問西答(동문서답)
물음에 대하여 전혀 얼토당토않은 대답을 함을 의미한다.

同病相憐(동병상련)
비슷한 처지에 있는 사람끼리 서로 잘 이해해 줌을 뜻한다.

비슷한 말 吳越同舟(오월동주) 同憂相救(동우상구)
同舟相救(동주상구) 同氣相求(동기상구)
同惡相助(동악상조) 同類相救(동류상구)
類類相從(유유상종) 草綠同色(초록동색)

東奔西走(동분서주)
이리저리 바쁘게 돌아다닌다는 것을 뜻한다.

同床異夢(동상이몽)
겉으로는 같이 행동하면서 속으로는 서로 다른 생각을 품음을 말한다.

凍足放尿(동족방뇨)
언 발에 오줌 누기라는 뜻으로, 한때 도움이 될 뿐 곧이어 효력이 없어져 더 악화되는 일을 이르는 말이다.

비슷한 말 彌縫策(미봉책) 姑息之計(고식지계)
下石上臺(하석상대)

杜門不出(두문불출)
문을 잠그고 밖에 나가지 않음을 뜻한다.
* 杜: 막을 두

斗酒不辭(두주불사)
술을 매우 잘 먹어 말술도 사양하지 아니한다는 뜻으로, 사나이다움의 과시표현이다.

登高自卑(등고자비)
낮은 곳에서부터 높은 곳으로 오른다는 뜻으로, 사나이다움의 과시표현이다.

登龍門(등용문)
잉어가 용문에 오른다는 뜻으로, 입신출세의 어려운 관문을 비유하여 이르는 말이다.
반대말 龍門點額(용문점액)=點額(점액)

燈下不明(등하불명)
등잔 밑이 어둡다는 속담을 한역한 것으로, 가까운 곳의 일을 오히려 잘 모름을 의미한다.

燈火可親(등화가친)
가을이 독서하기 좋은 계절임을 뜻하는 말이다.

馬耳東風(마이동풍)
남의 말을 전혀 귀담아 듣지 아니함을 비유한 말이다.
비슷한 말 吾不關焉(오불관언) 牛耳讀經(우이독경)
牛耳誦經(우이송경) 對牛彈琴(대우탄금)

麻中之蓬(마중지봉)
구부러진 쑥도 삼밭에 심으면 꼿꼿하게 자란다는 뜻으로, 환경에 따라 악도 선으로 고쳐짐을 말한다.

莫上莫下(막상막하)
서로 우열을 가릴 수 없음을 의미한다.

비슷한 말 難兄難弟(난형난제) 伯仲之勢(백중지세) 伯仲之間(백중지간)

莫逆之友(막역지우)
뜻이 맞아 서로 허물이 없이 잘 지내는 매우 친한 벗 사이를 말한다.

萬頃蒼波(만경창파)
끝없이 너른 바다를 뜻한다.

萬事休矣(만사휴의)
모든 일이 끝나서 더 이상 어떻게 달리 해 볼 도리가 없음을 뜻한다.

비슷한 말 能事畢矣(능사필의)

萬壽無疆(만수무강)
누구에게나 한없이 오래 살 것을 축원한다는 말이다.

晩時之歎(만시지탄)
시기에 늦었음을 안타까워하는 탄식을 말한다.

萬彙群象(만휘군상)
온갖 일과 물건을 말한다. * 彙: 무리 휘

비슷한 말 森羅萬象(삼라만상)

罔極之恩(망극지은)
부모나 임금에게 받은 가없이 큰 은혜를 일컫는 말이다.

비슷한 말 昊天罔極(호천망극)

忘年之交(망년지교)
나이에 상관없이 서로를 인정하고 존경하여 사귀는 것을 말한다.

비슷한 말 忘年之友(망년지우)

亡羊補牢(망양보뢰)
양을 잃고 우리를 고친다는 말로서, 일을 그르친 후에 뉘우쳐도 소용없음을 나타낸다.

비슷한 말 亡牛補牢(망우보뢰) 死後藥方文(사후약방문)

望雲之情(망운지정)
타향에서 부모님을 그리워하는 자식의 애틋한 심정을 뜻한다.

비슷한 말 白雲孤飛(백운고비) 望雲之懷(망운지회)

亡子計齒(망자계치)
죽은 자식의 나이 세기란 말로, 이미 지나간 일을 다시 생각해 봐야 소용없음을 나타낸다.

梅蘭菊竹(매란국죽)
품성이 군자와 같이 고결하다고 여겨 사군자(四君子)라 한다.

麥秀之嘆(맥수지탄)
고국의 멸망을 한탄한다는 뜻이다.

비슷한 말 麥秀黍油(맥수서유)

孟母三遷(맹모삼천)
맹자의 어머니가 아들의 교육을 위해서 집을 세 번이나 옮긴 일로 어린아이의 교육에는 환경이 매우 중요하다는 뜻이다.

비슷한 말 三遷之敎(삼천지교)
賢母之交 孟母斷機之敎(맹모단기지교)

盲人摸象(맹인모상)
장님이 코끼리를 만지는 식으로, 사물의 일부만을 알면서 함부로 전체에 대한 결론을 내리는 좁은 견해를 말한다.

* 摸: 더듬어 찾을/본뜰 모

面從腹背(면종복배)
겉으로는 복종하는 체하면서도 내심으로는 배반한다는 것이다.

비슷한 말 口蜜腹劍(구밀복검) 笑裏藏刀(소리장도)
中有劍(소중유검)

明鏡止水(명경지수)
깨끗이 닦인 거울과 움직이지 않는 물처럼, 흔들림 없는 맑고 고요한 심경을 나타낸다.

名實相符(명실상부)
명성만큼이나 내실도 있어 서로 부절처럼 딱 들어 맞는다는 말이다.

明若觀火(명약관화)
불을 보는 것처럼 분명하다.

비슷한 말 不問可知(불문가지)

命在頃刻(명재경각)
목숨이 곧 끊어질 것 같은 위태로운 상황을 뜻한다.

비슷한 말 累卵之危(누란지위) 風前燈火(풍전등화)
危如累卵(위여누란) 一觸卽發(일촉즉발)
百尺竿頭(백척간두) 風前燈燭(풍전등촉)
累卵之勢(누란지세) 累碁(누기)
焦眉之急(초미지급) 危機一髮(위기일발)

明哲保身(명철보신)
어지러운 세상에서 이치에 밝아 제 몸을 잘 보호함을 뜻한다.

毛遂自薦(모수자천)
조나라에서 초나라에 구원을 청할 사자를 물색할 때, 모수가 스스로 자기를 천거하였다는 고사에서 유래한 말로, 자기가 자기를 추천하는 일을 말한다.

비슷한 말 囊中之錐(낭중지추)

矛盾(모순)
창과 방패라는 뜻으로, 말이나 행동의 앞뒤가 서로 맞지 않음을 뜻한다.

비슷한 말 自家撞着(자가당착) 矛盾撞着(모순당착)

目不識丁(목불식정)
낫 놓고 기역자도 모르듯, 아무 것도 모르는 무식꾼을 말한다.

目不忍見(목불인견)
몹시 딱하거나 참혹하거나 처참하여 차마 눈뜨고 볼 수 없음을 나타내는 말이다.

猫項懸鈴(묘항현령)
고양이 목에 방울 달기로, 듣기에는 좋으나 실현 불가능한 헛된 이론을 말한다. * 猫: 고양이 묘 * 鈴: 방울 령

비슷한 말 猫頭懸鈴(묘두현령) 卓上空論(탁상공론)

武陵桃源(무릉도원)
모든 사람들이 아무 걱정 없이 평화롭게 살아가는 이상향을 뜻한다.

無所不爲(무소불위)
하지 못하는 일이 없다는 뜻이다.

비슷한 말 無所不能(무소불능)

無爲徒食(무위도식)
하는 일이 없이 먹고 놀기만 하는 것을 뜻한다.

비슷한 말 流手徒食(유수도식)

無爲自然(무위자연)
인위(人爲)를 보탬이 없는 자연 그대로의 상태를 말한다.

無知莫知(무지막지)
하는 짓이 매우 무지하고 또 우악스럽다는 의미이다.

刎頸之交(문경지교)
생사를 같이하여 목이 달아나도 두려워하지 않을 만큼 친한 사람 또는 그런 벗을 말한다. * 刎: 목벨 문 * 頸: 목 경

文房四友(문방사우)
종이(紙), 붓(筆), 벼루(硯), 먹(墨)의 네 가지 문방구를 말한다.

비슷한 말 文房四寶(문방사보)

聞一知十(문일지십)
하나를 듣고서 열 가지를 미루어 안다는 뜻으로, 매우 총명

함을 의미한다.
비슷한 말 擧一明三(거일명삼)

門前成市(문정성시)
권세가나 부잣집에 방문객이 많아 문 앞이 시장을 이루다시피 붐빔을 뜻한다.
비슷한 말 門前如市(무전여시) 門庭成市(문정성시) 門庭若市
반대말 門前雀羅(문전작라)

門前雀羅(문전작라)
가난하고 천해지면 문 앞에 새 그물을 쳐 놓을 정도로 방문객의 발길이 뚝 끊어진다는 말이다. * 雀: 참새 작

勿失好機(물실호기)
좋은 기회를 놓치지 않음을 뜻한다.

物我一體(물아일체)
물질과 나, 객관(物)과 주관(我)의 구별이 없이 하나가 된 경지를 일컫는다.
비슷한 말 主客一體(주객일체) 物心一如(물심일여)

物外閒人(물외한인)
세상물정에 관여하지 않고 한가롭게 지내는 사람을 말한다.

彌縫策(미봉책)
임시변통으로 이리저리 꾸며 맞추기 위한 계책을 말한다.
비슷한 말 姑息之計(고식지계) 凍足放尿(동족방뇨)
下石上臺(하석상대)

尾生之信(미생지신)
신의가 두터움 혹은 고지식한 행위라는 의미로 신의가 매우 두텁다는 면에서는 칭찬을, 지나치게 고지식하다는 면에서는 비난받음을 일컫는다.

비슷한 말 抱柱之信(포주지신)

薄利多賣(박리다매)
적게 남기고 많이 팔아 수익을 올리는 일을 말한다.

博而不精(박이부정)
여러 방면으로 널리 알기는 하나 정밀하지 못함을 의미한다.

비슷한 말 皮肉之見(피육지견) 走馬看山(주마간산)
走馬看花(주마간화)

拍掌大笑(박장대소)
손뼉을 치며 한바탕 크게 웃는 것을 말한다.

博學多識(박학다식)
학식이 넓고 아는 것이 많음을 의미한다.

비슷한 말 博覽强記(박람강기) 多聞博識(다문박식)

博學審問(박학심문)
널리 배우고 자세하게 묻는다는 뜻으로, 배우는 사람이 반드시 명심해야 할 태도를 말한다.

비슷한 말 廣學詳問(광학상문)

反哺之孝(반포지효)
자식이 부모가 길러준 은혜에 보답하는 효성을 일컫는 말이다.

* 哺: 먹일 포

拔本塞源(발본색원)
근원적인 처방. 즉 폐해(弊害)의 근원을 뽑아서 아주 없애버린다는 의미로 사용된다.

發憤忘食(발분망식)
일을 이루려고 끼니조차 잊고 분발 노력함을 의미한다.

放聲大哭(방성대곡)
북받치는 슬픔 또는 분노를 참지 못해 울음을 터뜨리는 것을 말한다.

비슷한 말 放聲痛哭(방성통곡) 大聲痛哭(대성통곡)

傍若無人(방약무인)
남을 업신여기고 거리낌 없이 함부로 행동함을 이르는 말이다.

背水[之]陣(배수[지]진)
물을 등지고 치는 진으로, 어떤 일에 죽기를 각오하고 정면으로 맞서는 방법을 일컫는다.

背恩忘德(배은망덕)
입은 은덕을 저버리고 배반함을 말한다.

百家爭鳴(백가쟁명)
춘추전국시대 제자백가가 활발하게 자신의 주의, 주장을 폈던 것을 일컫는다.

비슷한 말 諸子百家(제자백가)

白骨難忘(백골난망)
백골이 된 후에도 잊을 수 없다는 뜻으로, 큰 은혜나 덕을 입었을 때 감사의 뜻으로 하는 말이다.

비슷한 말 刻骨難忘(각골난망) 結草報恩(결초보은)

百年河清(백년하청)

아무리 오래 기다린다 해도 어떤 일이 이루어지기 어렵다는 뜻이다.

百年偕老(백년해로)

부부가 일생동안 의좋게 살아감을 나타내는 말이다.

* 偕: 함께 해

白面書生(백면서생)

오로지 글만 읽어 세상일에 경험이 없는 사람을 일컫는다.

비슷한 말 冊床退物(책상퇴물)

白眉(백미)

여럿 가운데서 가장 뛰어난 사람을 일컫는 말이다.

비슷한 말 壓卷(압권) 出衆(출중) 群鷄一鶴(군계일학)

百發百中(백발백중)

쏘기만 하면 어김없이 명중한다는 뜻으로, 계획한 일마다 실패 없이 잘됨을 의미한다.

伯牙絶絃(백아절현)

절친한 벗의 죽음을 슬퍼함을 뜻한다.

비슷한 말 伯牙破琴(백아파금) 知音(지음) 高山流水(고산유수)

白衣民族(백의민족)

예로부터 흰옷을 즐겨 입은 데서 '한민족'을 이르는 말이다.

白衣從軍(백의종군)

벼슬이 없이 군대를 따라 전장으로 가는 것을 말한다.

百折不屈(백절불굴)

수만은 시련 속에서도 결코 굴하지 않고 이겨낸다는 말이다.

비슷한 말 百折不撓(백절불요) * 撓: 휘어질 요

伯仲之勢(백중지세)

세력이 엇비슷해 우열을 가릴 수 없는 형세를 뜻한다.

비슷한 말 伯仲之間(백중지간) 難兄難弟(난형난제)
莫上莫下(막상막하)

百尺竿頭(백척간두)

매우 위태로운 상태 또는 매우 앞서 나아감을 의미한다.

* 竿: 장대 간

비슷한 말 風前燈火(풍전등화) 危機一髮(위기일발)
風前燈燭(풍전등촉) 累卵之危(누란지위)
危如累卵(위여누란) 累卵之勢(누란지세)
累碁(누기) 命在頃刻(명재경각)
一觸卽發(일촉즉발) 焦眉之急(초미지급)

百害無益(백해무익)

해롭기만 하고 조금도 이로울 것이 없다는 것이다.

變法自疆(변법자강)

옛 제도를 고쳐서 새롭게 하여 스스로를 강화시킴을 뜻한다.

伏地不動(복지부동)

땅에 엎드리고 움직이지 않는 듯한 공무원들의 보신주의를 일컫는다.

封庫罷職(봉고파직)

어사(御史)나 감사가 못된 관리를 파면하고 관가의 창고를 봉(封)하여 잠그는 일을 말한다.
비슷한 말 封庫罷黜(봉고파출)
* 黜: 물리칠 출

父爲子隱(부위자은)
아버지가 그 자식을 위해 나쁜 일이나 허물을 숨겨주는 것을 말한다.

父傳子傳(부전자전)
대대로 아버지가 자식에게 물려줌 혹은 아버지와 자식이 서로 비슷함을 뜻한다.
비슷한 말 父傳子承(부전자승) 父子相傳(부자상전)

夫唱婦隨(부창부수)
남편이 창을 하면 아내도 따라 하듯 남편의 뜻에 아내가 따름을 뜻한다.
비슷한 말 女必從夫(여필종부)

附和雷同(부화뇌동)
자기의 주장 없이 무조건 남의 이견을 따름을 말한다.
비슷한 말 附和隨行(부화수행)

北窓三友(북창삼우)
거문고(琴), 술(酒), 시(詩)를 말하는데, 선비들이 서재에서 늘 가까이하며 즐겼던 것으로 마치 벗과 같다고 하여 삼우(三友)라고 의인화한 것이다.

粉骨碎身(분골쇄신)
뼈가 가루가 되고 몸이 부서지도록 힘을 다하여 노력함을 의미한다. * 碎: 부술 쇄

비슷한 말 碎骨粉身(쇄골분신)

焚書坑儒(분서갱유)
진시황이 학자들의 정치비평을 금하기 위하여 책을 불사르고 유생을 생매장한 일을 말한다. * 焚: 불사를 분 * 坑: 구덩이 갱

不可思議(불가사의)
사람의 생각으로 헤아려 알 수 없는 일을 말한다.

不可抗力(불가항력)
천재지변과 같이 사람으로서는 어찌 할 수 없는 거대한 힘을 말한다.

不俱戴天(불구대천)
한 하늘 아래에서는 같이 살 수 없는 원수를 뜻한다.
비슷한 말 不共戴天(불공대천) 氷炭之間(빙탄지간)
犬猫之間(견묘지간)

不問可知(불문가지)
묻지 아니하여도 알 수 있다는 뜻이다.
비슷한 말 明若觀火(명약관화)

不問曲直(불문곡직)
옳고 그름을 따지지 않고 함부로 한다는 뜻이다.

不辨菽麥(불변숙맥)
콩과 보리도 구별하지 못할 만큼 세상물정에 매우 어둡다는 뜻이다. * 菽: 콩 숙

不遠千里(불원천리)
먼 길도 마다하지 않고 찾아옴을 뜻한다.

不撤晝夜(불철주야)
어떤 일을 그치지 않고 밤낮으로 계속하는 것을 말한다.

不肖小子(불초소자)
어버이의 덕망을 닮지 못한 자식, 못난 사람을 일컫는다.

不恥下問(불치하문)
아랫사람에게 배우는 것을 부끄러이 여기지 않음을 뜻한다.

鵬程萬里(붕정만리)
붕새의 날아가는 하는 길이 만리로 트임을 말하는데, 이는 곧 전도양양한 장래를 의미한다.

悲憤慷慨(비분강개)
의롭지 못한 것을 보고 의기가 북받치어 슬퍼하고 한탄함을 뜻한다. * 慷: 강개할 강

非一非再(비일비재)
같은 현상이 한두 번이나 한둘이 아니고 많음을 의미한다.

憑公營私(빙공영사
공사(公事)를 빙자하여 사리(私利)를 꾀함을 뜻한다.
* 憑: 의지할/기댈 빙

氷山一角(빙산일각)
얼음산의 한 모서리와 같이 커다란 전체 중 드러난 작은 부분을 뜻한다.

氷炭之間(빙탄지간)
성질이 반대여서 전혀 어울릴 수 없는 사이를 말한다.
비슷한 말 犬猫之間(견묘지간) 犬猿之間(견원지간)
不俱戴天(불구대천) 不共戴天(불공대천)

四顧無親(사고무친)
의지한 친척이 없어 몹시 외롭다는 뜻이다.
비슷한 말 鰥寡孤獨(환과고독) 赤手空拳(적수공권)
孑孑單身(혈혈단신) * 鰥: 홀아비 환 * 孑: 외로울 혈

捨己從人(사기종인)
자신의 잘못을 과감히 버리고 남의 좋은 점을 배운다는 뜻이다.

士氣衝天(사기충천)
싸움에 나아간 군사의 용기가 격양(激揚)되어 하늘을 찌른 듯 하다는 뜻이다.

士農工商(사농공상)
선비, 농부, 장인, 상인의 네 가지의 계급을 말한다.

事大交隣(사대교린)
큰 나라인 중국을 섬기고, 왜, 여진 따위의 이웃 족속과는 동등하게 사귀어 국익을 꾀하고자 하는 외교방법을 말한다.

詞俚不載(사리부재)
글이 상당히 음란하여 책에 싣지 않는 원칙을 일컫는다.
* 俚: 속될 리

四面楚歌(사면초가)
사방에서 초나라의 노래 소리가 들린다는 뜻으로, 주위에 온

통 적들만 있고 도와주는 이는 없는 경우에 쓰는 말이다.
비슷한 말 養虎遺患(양호유환) 捲土重來(권토중래)
力拔山氣蓋世(역발산기개세)

斯文亂賊(사문난적)
이단적인 언동(言動)으로 유교를 어지럽힌 사람을 일컫는 말이다.

四分五裂(사분오열)
하나의 집단이 이념, 이익 등에 따라 갈라져 혼란스럽다는 것을 뜻한다.

砂上樓閣(사상누각)
모래 위에 세운 누각이란 말로, 기초가 튼튼하지 못하여 오래가지 못하는 일을 뜻한다.

死生決斷(사생결단)
죽고 사는 것을 돌보지 않고 끝장을 내는 것을 말한다.

四書三經(사서삼경)
유교의 대표적인 경전으로, 사서(四書)는 논어, 맹자, 대학, 중용이고, 삼경(三經)은 시경, 서경, 역경이다.

似而非(사이비)
겉으로는 그럴듯하지만 속은 거짓됨을 말한다.

四柱單子(사주단자)
혼인이 결정된 후에 신랑 집에서 신부 집에 신랑이 태어난 연월일시를 백지에 적어 신부 집에 보냈던 간지를 말한다.

四柱八字(사주팔자)
태어난 연, 월, 일, 시가 사주(四柱)이고, 그에 따른 간지(干支) 여덟 글자가 팔자(八字)이다.

四通八達(사통팔달)
사방팔방으로 다 통하여 교통이 좋음을 뜻한다.

비슷한 말 四通五達(사통오달)

事必歸正(사필귀정)
모든 일은 반드시 바르게 됨을 뜻한다.

山紫水明(산자수명)
산이 붉고 물이 맑다는 뜻으로, 자연의 경치가 아주 아름답다는 말이다.

山戰水戰(산전수전)
세상을 살면서 겪은 온갖 고생과 어려움을 비유하여 이르는 말이다.

山川草木(산천초목)
산천과 초목, 즉 자연을 가리킨다.

殺身成仁(살신성인)
올바른 일을 위해 자신을 희생함을 뜻한다.

三可宰相(삼가재상)
세 사람의 주장이 모두 옳다고 했던 황정승의 말에서 연유한 것으로, 마음이 아주 너그러운 사람을 뜻한다.

三綱五倫(삼강오륜)
유교(儒敎) 도덕의 가장 기본이 되는 원칙이다. 삼강(三綱)은 군위신강(君爲臣綱), 부위자강(父爲子綱), 부위부강(夫爲婦綱)이고, 오륜(五倫)은 군신유의(君臣有義), 부자유친(父子有親), 부부유별(夫婦有別), 장유유서(長幼有序), 붕우유신(朋友有信)이다.

三顧草廬(삼고초려)
유비가 제갈공명을 성심을 다해 청하듯이, 인재를 얻기 위해 수고를 아끼지 않음을 뜻한다. * 廬: 농막집 려

비슷한 말 三顧之禮(삼고지례)

森羅萬象(삼라만상)
우주의 온갖 사물과 현상을 통틀어 이르는 말이다.

비슷한 말 萬彙群象(만휘군상)

三水甲山(삼수갑산)
험한 오지(奧地)를 일컫는다. 함경남도에 있는 삼수와 갑산이 지세가 험하고 교통이 불편하여 가기 어려운 곳이라는 뜻에서 '몹시 어려운 지경'을 비유하여 이르는 말이다.

三旬九食(삼순구식)
삼십일 동안 아홉 끼의 식사밖에 못할 정도로, 집안이 매우 가난하여 먹을 것이 적음을 가리킨다.

비슷한 말 二旬九食(이순구식)

三人成虎(삼인성호)
근거 없는 말이라도 여러 사람에게 듣게 되면 진실로 여겨짐을 뜻한다.

三日天下(삼일천하)
매우 짧은 기간 영화를 누림을 일컫는 말이다.

三從之道(삼종지도)
여자는 어려서는 어버이께 순종하고, 시집가서는 남편에게, 남편이 죽은 후에는 아들에게 순종해야 한다는 도덕관을 말한다.

비슷한 말 三從之德(삼종지덕) 三從之義(삼종지의) 三從之禮(삼종지례)

三尺童子(삼척동자)
철없는 어린아이를 가리킨다.

傷弓之鳥(상궁지조)
한 번 화살을 맞아 다친 새라는 뜻으로, 어떤 일에 봉변을 당한 뒤로는 뒷일을 경계함을 비유하는 말이다.

비슷한 말 驚弓之鳥(경궁지조)

桑田碧海(상전벽해)
뽕밭이 바다가 된다는 말이니, 세상의 변화가 심하거나 덧없음을 뜻한다.

비슷한 말 滄桑之變(창상지변)

霜風高節(상풍고절)
고난에 처하여도 굽히지 않는 높은 절개를 뜻한다.

비슷한 말 傲霜孤節(오상고절)

塞翁之馬(새옹지마)
인생의 길흉화복(吉凶禍福)은 일정하지 않아 예측할 수 없으니 재앙도 슬퍼할 게 못되고 복도 기뻐할 게 없음을 뜻한다.

生巫殺人(생무살인)
선무당이 사람을 잡듯이, 기술과 경험이 적은 사람이 일을 한다고 나섰다가 도리어 화를 초래함을 뜻한다.

生不如死(생불여사)
삶이 죽음만 못하다는 것으로. 몹시 곤란한 지경에 빠져 있음을 뜻한다.

先見之明(선견지명)
사건이 일어나기 전에 미리 아는 밝은 지혜나 안목을 뜻한다.

雪上加霜(설상가상)
눈 위에 서리가 덮인다는 뜻으로, 난처한 일이나 불행이 잇달아 일어난다는 것이다.

반대말 錦上添花(금상첨화)

說往說來(설왕설래)
무슨 일의 시비(是非)를 따지느라고 말로 옥신각신함을 뜻한다.

世俗五戒(세속오계)
세속에서 지켜야 할 계율로, 사군이충(事君以忠), 사친이효(事親以孝), 교우이신(交友以信), 임전무퇴(臨戰無退), 살생유택(殺生有擇)을 가리킨다.

歲寒松柏(세한송백)
군자는 역경에 처하여도 지조와 절의를 굳게 지켜 변치 않음을 뜻한다.

所願成就(소원성취)
바라는 바를 이루었다는 것을 뜻한다.

騷人墨客(소인묵객)
시문과 서화를 일삼는 사람을 말한다.

小貪大失(소탐대실)
적은 것을 탐하다가 큰 것을 잃는다는 뜻이다.

束手無策(속수무책)
어찌할 도리가 없어 손을 묶은 듯이 꼼짝 못하는 것을 뜻한다.

送舊迎新(송구영신)
묵은해를 보내고 새해를 맞음을 뜻한다.

松都三絶(송도삼절)
송도(松都)에 뛰어난 세 가지가 있는데, 서화담, 황진이, 박연폭포를 가리킨다.

首丘初心(수구초심)
여우가 죽을 때 자기가 살던 굴 쪽으로 머리를 두고 죽는다는 것으로, 고향을 그리워하는 마음을 일컫는다.

手不釋卷(수불석권)
손에서 책을 놓지 않는다는 말이니, 부지런히 공부함을 뜻한다.

漱石枕流(수석침류)
물로 양치질하고 흐르는 물로 베게를 삼는다는 뜻으로, 남에게 지기 싫어하는 마음이 강해서 억지로 무리한 이유를 붙이는 것을 뜻한다. * 漱: 양치질할 수

비슷한 말 牽强附會(견강부회)

袖手傍觀(수수방관)
직접 손을 내밀어 간섭하지 않고 그대로 내버려둠을 뜻한다.

水魚之交(수어지교)
물과 물고기의 관계처럼 군신(君臣)사이의 친밀한 관계, 변하지 않는 깊은 우정을 뜻한다.

비슷한 말 管鮑之交(관포지교) 魚水之親(어수지친)
魚水之樂(어수지락)

羞惡之心(수오지심)
불의를 부끄러워하고 남의 착하지 못함을 미워하는 마음을 뜻한다. * 羞: 부끄러워할 수

守株待兎(수주대토)
구습에만 젖어 사리판단이 어둡고 융통성이 없는 경우를 가리키는 말이다.

비슷한 말 刻舟求劍(각주구검)

壽則多辱(수즉다욕)
오래 살수록 그만큼 욕되는 일이 많다는 말이다.

脣亡齒寒(순망치한)
입술이 없으면 이가 시리듯이, 이해관계가 서로 밀접하여 한 쪽이 망하면 다른 쪽도 화를 면하기 어려움을 뜻한다.

是非之心(시비지심)
옳고 그름을 가릴 줄 아는 마음을 뜻한다.

始終一貫(시종일관)
일의 처음부터 끝까지 변함이 없는 것을 말한다.

비슷한 말 始終如一(시종여일)

食少事煩(식소사번)
수고는 많이 하나 소득은 적음을 뜻한다.

識字憂患(식자우환)
학식이 있으므로 도리어 근심을 얻게 됨을 가리킨다.

信賞必罰(신상필벌)
상벌을 규정대로 공정하고 엄중하게 하는 일이다.

身言書判(신언서판)
사람을 선택하는 네 가지 조건. 즉 풍채, 언변, 문필, 판단력을 뜻한다.

新陳代謝(신진대사)
묵은 것이 없어지고 새 것이 대신 생기는 일이다.

비슷한 말 物質代謝(물질대사)

神出鬼沒(신출귀몰)
나타났다 사라졌다 하는 변화가 아주 많아 헤아릴 수 없음을 뜻한다.

身土不二(신토불이)
몸과 흙은 둘이 아니라는 뜻으로, 우리나라 땅에서 나는 농산물이 우리 몸에 좋다는 뜻이다.

心機一轉(심기일전)
어떤 동기에 의하여 지금까지 품었던 생각과 마음의 자세를 완전히 바꾸는 것을 말한다.

實事求是(실사구시)
실제로 있는 일에서 진리를 구함을 뜻한다.

十伐之木(십벌지목)
열 번 찍어서 안 넘어가는 나무가 없다는 뜻이다.

十匙一飯(십시일반)
여러 사람이 힘을 합하여 한 사람을 돕는 일은 쉽다는 뜻이다.
* 匙: 숟가락 시

阿鼻叫喚(아비규환)
계속되는 심한 고통으로 울부짖는 참상(慘狀)을 형용하는 말이다.
* 喚: 부를 환

我田引水(아전인수)
자기 논에 물을 댄다는 뜻으로, 자기에게만 이롭게 되도록 생각하거나 행동함을 뜻한다.
비슷한 말 牽强附會(견강부회) 自己合理化(자기합리화)

安分知足(안분지족)
편한 마음으로 제 분수를 지키며 만족한다는 것이다.

安貧樂道(안빈낙도)
가난한 생활을 하면서도 편안한 마음으로 분수를 지키며 지낸다는 것이다.

眼下無人(안하무인)
방자하고 교만하여 사람을 모두 얕잡아 보는 것을 뜻한다.
비슷한 말 眼中無人(안중무인)

暗中摸索(암중모색)
어림짐작으로 무엇을 알아내거나 찾아내려 함 또는 남이 보지 않은 가운데 무엇인가를 도모함을 뜻한다.

* 摸: 더듬어 찾을/본뜰 모

비슷한 말 暗中摸捉(암중모착)

暗行御史(암행어사)
조선시대 지방관의 치적과 백성의 어려움을 살피기 위하여 비밀리에 왕이 파견한 관리를 가리킨다.

藥房甘草(약방감초)
남의 일에 자주 끼어들고 참견하는 사람이나 여러 방면에 두루 사용되는 사람을 말한다.

弱肉强食(약육강식)
치열(熾烈)하고 냉혹한 생존경쟁의 세계에서 강한 자만이 살아남는 법칙을 말한다.

羊頭狗肉(양두구육)
양의 머리를 걸어 놓고 개고기를 판다는 뜻으로, 겉은 훌륭하게 보이나 속은 변변치 아니함을 뜻한다.

비슷한 말 表裏不同(표리부동) 人面獸心(인면수심)

梁上君子(양상군자)
도둑을 점잖게 이르는 말이다.

兩手兼將(양수겸장)
두 가지 문제가 맞물려 옴짝달싹 못함을 뜻한다.

비슷한 말 進退維谷(진퇴유곡) 進退兩難(진퇴양난)

積小成大(적소성대)
작은 것도 쌓으면 크게 이루어짐을 뜻한다.

비슷한 말 積土成丘(적토성구) 積土成山(적토성산)
塵合泰山(진합태산) 水滴穿石(수적천석)
愚公移山(우공이산) 磨斧作針(마부작침)

適者生存(적자생존)
생존경쟁의 결과, 환경에 적응하는 생물만 살아남고 적응하지 못하는 것은 도태되어 사라짐을 뜻한다.

電光石火(전광석화)
번갯불이나 부싯돌의 불이 번쩍이는 것처럼, 몹시 짧은 시간이나 매우 재빠른 동작을 비유하는 말이다.

前代未聞(전대미문)
지금까지 들어본 적이 없는 매우 놀라운 일이나 새로운 것을 두고 이르는 말이다.

비슷한 말 未曾有(미증유) 前古未聞(전고미문)

前途洋洋(전도양양)
앞길이 훤하게 열려 희망에 차 있음을 뜻한다.

戰戰兢兢(전전긍긍)
두려워서 벌벌 떨며 조심하는 모양을 말한다.

비슷한 말 小心翼翼(소심익익) 戰戰慄慄(전전율율)

* 慄: 두려워할 률

輾轉反側(전전반측)
잠을 이루지 못하고 누워서 몸을 이리저리 뒤척임을 말한다.

* 輾: 돌 전

言語道斷(언어도단)
말문이 막힌다는 뜻으로, 어이가 없어 말도 나오지 않을 정도라는 뜻이다.

言中有骨(언중유골)
예사로운 말속에 깊은 속뜻이 들어 있음을 의미한다.

如履薄氷(여리박빙)
살얼음을 밟는 것과 같이 아슬아슬하고 불안한 지경을 이르는 말이다.

與世推移(여세추이)
세상 돌아가는 대로 따름을 말한다.

易地思之(역지사지)
처지를 바꾸어서 생각함을 뜻한다.

緣木求魚(연목구어)
나무에 올라가서 물고기를 구한다는 말로, 불가능한 일을 억지로 하려고 함을 뜻한다.

炎凉世態(염량세태)
권세가 있을 때는 아부하고, 몰락하면 푸대접하는 세상인심을 이르는 말이다.

拈華微笑(염화미소)
마음에서 마음으로 전함을 의미한다. * 拈: 집을 념

비슷한 말 以心傳心(이심전심) 敎外別傳(교외별전)
不立文字(불립문자) 拈華示衆(염화시중)
心心相印(심심상인)

榮枯盛衰(영고성쇠)
인생이나 사물의 성함과 쇠함을 뜻한다.
비슷한 말 興亡盛衰(흥망성쇠)

五車之書(오거지서)
다섯 수레에 실을 만한 많은 책을 말한다.
비슷한 말 汗牛充棟(한우충동)

五更燈火(오경등화)
밤새워 열심히 공부함을 뜻한다.

五里霧中(오리무중)
무슨 일에 대하여 방향이나 갈피를 잡을 수 없는 상태를 가리킨다.

寤寐不忘(오매불망)
누군가를 그리워하여 자나 깨나 잊지 못함을 뜻한다.
* 寤: 깰 오 * 寐: 잠찰 매

吾鼻三尺(오비삼척)
내 코가 석자라는 뜻으로, 자기 사정이 급하여 남을 돌보아 줄 겨를이 없다는 것이다.

烏飛梨落(오비이락)
까마귀 날자 배 떨어진다는 뜻으로, 공교롭게도 같은 때에 일이 생겨서 남에게 의심받게 됨을 의미한다.

傲霜孤節(오상고절)
모진 고난 속에서도 굽히지 않는 높은 절개를 말한다.
비슷한 말 霜風高節(상풍고절)

五十步百步(오십보백보)
조금의 차이는 있으나 잘못이기는 마찬가지임을 뜻한다.

吳越同舟(오월동주)
서로 적의를 품은 자들이 같은 처지에 있는 때는 서로 돕게 됨을 뜻함 또는 원수끼리 같은 자리에서 만남을 가리키기도 한다.

五臟六腑(오장육부)
내장을 통틀어 일컫는 말이다. * 腑: 장부 부

烏合之卒(오합지졸)
제대로 훈련도 하지 않은 어중이떠중이의 보잘 것 없는 군사를 가리킨다.

비슷한 말 烏合之衆(오합지중) 瓦合之衆(와합지중)

玉骨仙風(옥골선풍)
남다르게 뛰어난 풍채를 말한다.

屋上加屋(옥상가옥)
지붕 위에 거듭 지붕을 더한다는 말은 공연히 쓸모없는 일을 더함을 의미한다.

玉石俱焚(옥석구분)
오과 돌이 함께 불에 탄다는 것으로, 선악의 구별 없이 함께 멸망함을 비유하는 말이다.

玉石混淆(옥석혼효)
훌륭한 것과 보잘 것 없는 것이 뒤섞여 있거나 어진 이와 어리석은 이가 뒤섞여 있음을 말한다. * 淆: 뒤섞일 효

비슷한 말 玉石混交(옥석혼교) 玉石同架(옥석동가)

溫故知新(온고지신)
옛 것을 익히고 그것을 미루어서 새 것을 앎을 뜻한다.

蝸角之爭(와각지쟁)
하찮은 일로 벌이는 승강이를 말한다. * 蝸: 달팽이 와

비슷한 말 蝸牛角上相(와우각상쟁) 蝸牛角上(와우각상)
蝸牛之爭(와우지쟁) 蠻觸之爭(만촉지쟁)

臥薪嘗膽(와신상담)
목적을 달성하기 위해 온갖 고난을 참고 견딘다는 의미이다.

* 薪: 섶나무 신

비슷한 말 切齒腐心(절치부심) 切齒扼腕(절치액완)

外柔內剛(외유내강)
겉으로는 부드럽고 순하나 속은 곧고 꿋꿋하다.

비슷한 말 內剛外柔(내강외유)

要領不得(요령부득)
말이나 글, 사물의 요점을 잡지 못함을 뜻한다.

樂山樂水(요산요수)
지자요수 인자요산(知者樂水 仁者樂山)의 준말로 어진 이는 산을 좋아하고 지혜로운 자는 물을 좋아한다는 말이다. 즉 산수의 경치를 좋아함을 뜻한다.

窈窕淑女(요조숙녀)
말과 행동이 얌전하고 아름다운 여자를 말한다.

* 窈: 그윽할 요 * 窕: 고울 조

欲速不達(욕속부달)
일을 서두르면 도리어 이루지 못함을 뜻한다.

龍頭蛇尾(용두사미)
처음은 좋았다가 갈수록 나빠지거나 시작은 힘차게 하고 끝은 보잘 것이 없는 것을 이르는 말이다.

龍蛇飛騰(용사비등)
용이 하늘로 날아오르는 것 같은 힘찬 글씨를 가리키는 말이다.

愚公移山(우공이산)
어떤 일이라도 끊임없이 노력하면 반드시 이루어짐을 뜻한다.

비슷한 말 磨斧作針(마부작침) 水滴穿石(수적천석)
積土成山(적토성산) 塵合泰山(진합태산)
積小成大(적소성대) 積土成丘(적토성구)

優柔不斷(우유부단)
어물어물 하기만 하고 딱 잘라 결단을 하지 못한다는 것을 뜻한다.

반대말 一刀兩斷(일도양단) 一刀割斷(일도할단)

牛耳讀經(우이독경)
소귀에 경읽기란 말로, 어리석어 남의 말을 이해하지 못함을 뜻한다.

비슷한 말 牛耳誦經(우이송경) 對牛彈琴(대우탄금)
馬耳東風(마이동풍)

羽化登仙(우화등선)
몸에 날개가 돋아 신선의 경지에 오름을 의미한다.

元亨利貞(원형이정)
생물이 시작되어서(元), 형통하고(亨), 조화를 이루어(利), 성숙하는(貞) 원리로, 하늘의 네 가지 덕(德)을 말한다.

遠禍召福(원화소복)
화를 멀리하고 복을 불러들인다는 뜻이다.

危機一髮(위기일발)
매우 위태로운 상황을 일컫는다.

비슷한 말 百尺竿頭(백척간두) 風前燈火(풍전등화)

韋編三絶(위편삼절)
질긴 가죽 끈이 세 번 끊어질 만큼 열심히 책을 읽음을 뜻한다.

柔能制剛(유능제강)
부드러움이 강함을 제압함을 의미한다.

비슷한 말 弱能制剛(약능제강)

流芳百世(유방백세)
꽃다운 이름을 후세에 길이 전한다는 뜻이다.

반대말 遺臭萬年(유취만년) 遺臭萬載(유취만재)

有備無患(유비무환)
미리 준비하면 나중에 어려움이 없음을 가리킨다.

비슷한 말 居安思危(거안사위) 居安如危(거안여위)

唯我獨尊(유아독존)
이 세상에서 오직 자기만이 잘났다고 뽐내는 일을 이르는 말이다.

流言蜚語(유언비어)
전혀 근거가 없는 말이나 뜬소문을 일컫는다. * 蜚: 바퀴/날 비

비슷한 말 流言蜚文(유언비문) 流言流說(유언유설)

類類相從(유유상종)
같은 무리끼리 서로 내왕하며 사귀는 것을 뜻한다.

비슷한 말 同病相憐(동병상련) 草綠同色(초록동색)

悠悠自適(유유자적)
속세를 떠나 아무 것에도 얽매이지 않고 자기가 하고 싶은 대로 하며 마음 편히 사는 것을 말한다.

遺臭萬年(유취만년)
더러운 이름을 오래도록 남긴다는 뜻이다.

비슷한 말 遺臭萬載(유취만재)

반대말 流芳百世(유방백세)

隱忍自重(은인자중)
마음속으로 참으며 자기의 몸가짐을 신중히 한다는 뜻이다.

반대말 輕擧妄動(경거망동)

陰德陽報(음덕양보)
남이 모르게 덕행을 쌓는 사람은 뒤에 그 보답을 저절로 받는다는 것을 뜻한다.

吟風弄月(음풍농월)
맑은 바람과 밝은 달을 대하여 시를 지어 읊으며 즐긴다는 뜻이다.

비슷한 말 堂狗風月(당구풍월)

泣斬馬謖(읍참마속)
대의(大義)를 위하여 아끼는 사람을 버린다는 뜻이다.
* 謖: 일어날 속

異口同聲(이구동성)
여러 사람의 말이 한결같거나 여러 사람이 똑같이 말하는 것을 뜻한다.
비슷한 말 如出一口(여출일구)

以卵投石(이란투석)
달걀로 돌을 부딪친다는 뜻으로, 약한 것이 강한 것을 이겨낼 수 없음을 비유하는 말이다.
비슷한 말 以卵擊石(이란격석)

耳目口鼻(이목구비)
귀, 눈, 입, 코를 통틀어 이르는 말이다.

以心傳心(이심전심):
마음과 마음으로 뜻을 전함을 가리킨다.
비슷한 말 拈華微笑(염화미소) 敎外別傳(교외별전)
不立文字(불립문자) 拈華示衆(염화시중)
心心相印(심심상인)

泥田鬪狗(이전투구)
진창에서 싸우는 개라는 뜻으로, 명분이 서지 않는 일로 몰골사납게 싸움을 이르는 말이다.

因果應報(인과응보)
전생에서의 행위의 결과로서 현재의 행, 불행이 있고, 현세에서의 행위의 결과로서 내세에서의 행, 불행이 생기는 일을 뜻한다.
비슷한 말 種豆得豆(종두득두) 種瓜得瓜(종과득과)

人口膾炙(인구회자)
사람의 입에 자주 오르내림을 비유한 말이다.
* 膾: 회칠 회 * 炙: 구울 자

人面獸心(인면수심)
은혜를 모르거나 인정이 없는 사람을 욕하여 부르는 말로 쓰인다.
비슷한 말 羊頭狗肉(양두구육) 表裏不同(표리부동)

人死留名(인사유명)
사람은 죽어서 이름을 남긴다는 뜻이다.
비슷한 말 虎死留皮(호사유피) 豹死留皮(표사유피)

仁者無敵(인자무적)
어진 사람은 모든 이를 포용하므로 천하에 적이 없음을 뜻한다.

一擧兩得(일거양득)
한 가지 일로써 두 가지 이득을 얻음을 말한다.
비슷한 말 一石二鳥(일석이조)

日久月深(일구월심)
날이 오래고 달이 오래간다는 끗으로, 세월이 흐를수록 바라는 마음이 더욱 간절해짐을 이르는 말이다.
비슷한 말 日就月將(일취월장)

一口二言(일구이언)
한 입으로 두 가지 말을 함을 뜻한다. 곧 말을 이랬다저랬다함을 이르는 말이다.

日暖風和(일난풍화)
날씨가 따뜻하고 바람결이 부드러움을 뜻한다.

一刀兩斷(일도양단)
일이나 행동을 선뜻 결정함을 뜻한다.

비슷한 말 一刀割斷(일도할단)

반대말 優柔不斷(우유부단)

一網打盡(일망타진)
한꺼번에 모조리 다 잡음을 의미한다.

一目瞭然(일목요연)
한 번 보고도 훤히 알 수 있을 만큼 분명하다는 뜻이다.

* 瞭: 밝을 료

一罰百戒(일벌백계)
타의 경각심을 불러일으키기 위하여 본보기로 중한 체벌을 하는 것을 뜻한다.

一絲不亂(일사불란)
질서(秩序)나 체계가 정연(整然)하여 조금도 어지러운 데가 없음을 뜻한다.

一瀉千里(일사천리)
어떤 일이 조금도 거침없이 기세 좋게 진행됨을 뜻한다.

* 瀉: 토할/쏟을 사

一石二鳥(일석이조)
한 가지 일로 두 가지 이익을 얻는다는 것이다.

비슷한 말 一擧兩得(일거양득)

一笑一少(일소일소)
한 번 웃으면 젊어진다는 것을 의미한다.

一心同體(일심동체)
여러 사람이 굳게 뭉쳐 한마음 한 몸 같음을 이르는 말이다.

一魚濁水(일어탁수)
한 사람의 잘못으로 여러 사람이 그 해를 받게 됨을 뜻한다.

一葉知秋(일엽지추)
사소한 한 가지 일로써 큰일을 미루어 짐작할 수 있음을 뜻한다.

一葉片舟(일엽편주)
나뭇잎처럼 작은 배를 말한다.

一衣帶水(일의대수)
한 줄기의 띠와 같이 좁은 강물이나 바닷물이라는 뜻이다.
비슷한 말 指呼之間(지호지간) 咫尺之間(지척지간)

一以貫之(일이관지)
한 방법이나 태도로써 한결같이 꿰뚫음을 뜻한다.

一日如三秋(일일여삼추)
하루가 삼년과 같다는 말로, 몹시 그리워하며 기다린다는 것을 뜻한다.
비슷한 말 一刻如三秋(일각여삼추) 鶴首苦待(학수고대)

一長一短(일장일단)
장점도 있고 단점도 있다는 것을 뜻한다.

一場春夢(일장춘몽)
부귀영화의 덧없음을 비유한 말이다.
비슷한 말 一炊之夢(일취지몽) 南柯一夢(남가일몽)
邯鄲之夢(한단지몽) 南柯之夢(남가지몽)
南柯夢(남가몽) 槐夢(괴몽)
巫山之夢(무산지몽) 邯鄲夢枕(한단몽침)

一觸卽發(일촉즉발)
조금 건드리기만 하여도 곧 폭발할 것 같은 몹시 위험한 상태를 일컫는다.
비슷한 말 累卵之危(누란지위) 危如累卵(위여누란)
命在頃刻(명재경각) 風前燈火(풍전등화)
百尺竿頭(백척간두) 風前燈燭(풍전등촉)
累卵之勢(누란지세) 累碁(누기)
一觸卽發(일촉즉발) 焦眉之急(초미지급)
危機一髮(위기일발)

一寸光陰(일촌광음)
아주 짧은 시간을 가리킨다.

日就月將(일취월장)
날로 달로 진보함을 의미한다.
비슷한 말 日久月深(일구월심)

一波萬波(일파만파)
작은 한 사건이 큰 파장을 불러일으킴을 의미한다.

一敗塗地(일패도지)
여지없이 패하여 다시는 일어날 수 없게 됨을 뜻한다.

一片丹心(일편단심)
변치 않는 한 조각 붉은 마음이란 말로, 참된 충성이나 정성을 뜻한다.

一筆揮之(일필휘지)
글씨를 단숨에 줄기차게 써 내려 간다는 것을 뜻한다.

一攫千金(일확천금)
단 한 번에 천금을 움켜진다는 의미로 힘들이지 않고 단번에 많은 재물을 얻는 것을 뜻한다.
* 攫: 움킬 확

臨渴掘井(임갈굴정)
목이 말라서야 우물을 판다는 뜻으로, 미리 준비가 없다가 일을 당하여 서두른다는 의미이다.

臨機應變(임기응변)
그때그때의 형편에 따라 알맞게 일을 처리한다는 뜻이다.

立身揚名(입신양명)
학문연마를 통해 자신의 몸을 수양하고 세상에 나아가 출세를 하여 이름을 날리는 것을 말한다.

비슷한 말 立身出世(입신출세)

自家撞着(자가당착)
스스로 한 말이나 행동이 이치에 맞지 않고 모순되는 경우를 일컫는다. * 撞: 칠 당

비슷한 말 矛盾撞着(모순당착) 矛盾(모순)

自强不息(자강불식)

스스로 힘쓰고 쉬지 아니한다는 뜻이다.

비슷한 말 自彊不息(자강불식)

自激之心(자격지심)

어떠한 일에 대하여 자기 스스로 미흡(未洽)하게 여기는 마음을 뜻한다.

自給自足(자급자족)

자기의 수요를 스스로 생산하여 충당한다는 것을 뜻한다.

自問自答(자문자답)

스스로 묻고 스스로 답함을 뜻한다.

子孫萬代(자손만대)

자식과 손자들이 계속해서 이어져 나감을 뜻한다.

自手成家(자수성가)

물려받은 것 없이 한 살림을 이룩함을 뜻한다.

自繩自縛(자승자박)

자기의 언행이나 행동으로 말미암아 스스로 괴로움을 당하게 됨을 이르는 말이다. * 縛: 묶을 박

自業自得(자업자득)

자기가 저지른 일의 과보(果報)를 자기 자신이 받는다는 것을 뜻한다.

自中之亂(자중지란)
제 편끼리 하는 다툼을 말한다.

自初至終(자초지종)
처음부터 끝까지의 과정을 뜻한다.
비슷한 말 自頭至尾(자두지미)

自暴自棄(자포자기)
절망상태에 빠져서 자신을 포기(抛棄)하고 돌아보지 않음을 뜻한다.

自畵自讚(자화자찬)
자기가 한 일이나 행동을 스스로 칭찬하며 자랑한다는 뜻이다.

作心三日(작심삼일)
결심이 사흘을 가지 못한다는 말로, 한 번 결심한 것이 오래 가지 못함을 뜻한다.

張三李四(장삼이사)
특별하지 않은 평범한 사람들을 일컫는다.
비슷한 말 甲男乙女(갑남을녀) 匹夫匹婦(필부필부)
樵童汲婦(초동급부) 愚夫愚婦(우부우부)

才勝薄德(재승박덕)
재주는 다른 사람보다 낫지만 덕이 부족함을 뜻한다.

賊反荷杖(적반하장)
도둑이 도리어 몽둥이를 든다는 말로, 죄를 범한 사람이 도리어 성을 냄을 뜻한다. * 杖: 지팡이 장

積小成大(적소성대)
작은 것도 쌓으면 크게 이루어짐을 뜻한다.

비슷한 말 積土成丘(적토성구) 積土成山(적토성산)
塵合泰山(진합태산) 水滴穿石(수적천석)
愚公移山(우공이산) 磨斧作針(마부작침)

適者生存(적자생존)
생존경쟁의 결과, 환경에 적응하는 생물만 살아남고 적응하지 못하는 것은 도태되어 사라짐을 뜻한다.

電光石火(전광석화)
번갯불이나 부싯돌의 불이 번쩍이는 것처럼, 몹시 짧은 시간이나 매우 재빠른 동작을 비유하는 말이다.

前代未聞(전대미문)
지금까지 들어본 적이 없는 매우 놀라운 일이나 새로운 것을 두고 이르는 말이다.

비슷한 말 未曾有(미증유) 前古未聞(전고미문)

前途洋洋(전도양양)
앞길이 훤하게 열려 희망에 차 있음을 뜻한다.

戰戰兢兢(전전긍긍)
두려워서 벌벌 떨며 조심하는 모양을 말한다.

비슷한 말 小心翼翼(소심익익) 戰戰慄慄(전전율율)

* 慄: 두려워할 률

輾轉反側(전전반측)
잠을 이루지 못하고 누워서 몸을 이리저리 뒤척임을 말한다.

* 輾: 돌 전

비슷한 말 輾轉不寐(전전불매)

轉禍爲福(전화위복)
재앙을 바꾸어 복으로 만든다는 의미이다.
비슷한 말 禍因爲福(화인위복)

絶世佳人(절세가인)
매우 뛰어난 미인을 일컫는 말이다.
비슷한 말 絶世美人(절세미인) 絶代佳人(절대가인)
傾國之色(경국지색) 閉月羞花(폐월수화)

絶長補短(절장보단)
남는 것을 옮겨서 부족한 데를 채움을 뜻한다.
비슷한 말 絶長續短(절장속단)

切磋琢磨(절차탁마)
학문, 기예 따위를 끊임없이 갈고 닦음을 의미한다. * 磋: 갈 차
비슷한 말 他山之石(타산지석) 攻玉以石(공옥이석)

切齒腐心(절치부심)
몹시 원통하고 분한 정도가 매우 심한 모양을 일컫는다.
비슷한 말 切齒扼腕(절치액완) 臥薪嘗膽(와신상담)

漸入佳境(점입가경)
문장, 예술작품, 경치가 갈수록 멋지고 아름답거나 어떤 상태가 더욱 확대된 모양을 일컫는다.

頂門一鍼(정문일침)
정신을 차리도록 하는 따끔한 한 마디의 충고를 일컫는다.

* 鍼: 침 침

비슷한 말 寸鐵殺人(촌철살인) 頂門金錐(정문금추)

井中之蛙(정중지와)

우물 안의 개구리란 말로, 식견이 좁은 사람을 일컫는다.

* 蛙: 개구리 와

비슷한 말 坐井觀天(좌정관천) 井底之蛙(정저지와)

諸子百家(제자백가)

중국 춘추, 전국 시대에 여러 학파를 통틀어 일컫는 말이다.

비슷한 말 百家爭鳴(백가쟁명)

糟糠之妻(조강지처)

함께 고생하던 아내 또는 본부인을 일컫는다.

* 糟: 지게미 조 * 糠: 겨 강

朝令暮改(조령모개)

아침에 내린 법령이 저녁에 다시 바뀐다는 말로, 상부에서 내린 법령이 일관성 없이 자주 바뀜을 비난하는 말이다.

비슷한 말 朝令暮得(조령모득)

朝三暮四(조삼모사)

간사한 잔꾀로 남을 속이거나 눈앞에 보이는 차이만 알고 결과가 같음을 모르는 어리석음을 뜻한다.

鳥足之血(조족지혈)

새 발의 피라는 말로, 분량이 매우 작음을 뜻한다.

種豆得豆(종두득두)

콩을 심어 콩을 거둔다는 말로, 원인에 따라 그에 맞는 결과가 생김을 일컫는다.

비슷한 말 種瓜得瓜(종과득과) 因果應報(인과응보)

宗廟社稷(종묘사직)
역대 왕들의 신주를 모신 종묘와 토지신과 곡식신을 모신 사직을 뜻하는데, 국가를 대신하는 말이다.

坐不安席(좌불안석)
불안하거나 걱정스러워 한군데 오래 앉아 있지 못한다는 뜻이다.

左之右之(좌지우지)
사람이 어떤 일이나 대상을 제 마음대로 처리하거나 다루는 것을 말한다.

左衝右突(좌충우돌)
이리저리 마구 찌르고 부딪침을 나타내는 말이다.

晝耕夜讀(주경야독)
어려운 여건 속에서도 꿋꿋이 공부함을 비유하는 말이다.

走馬看山(주마간산)
달리는 말 위에서 산을 구경하듯, 사물의 겉만 대강 보고 지나감을 뜻한다.

비슷한 말 走馬看花(주마간화) 博而不精(박이부정)
皮肉之見(피육지견)

走馬加鞭(주마가편)
달리는 말에 채찍을 가한다는 말로, 더 잘되어 가도록 부추기거나 몰아침을 뜻한다. * 鞭: 채찍 편

酒池肉林(주지육림)
극히 호사(豪奢)스럽고 방탕(放蕩)한 술잔치를 일컫는다.
비슷한 말 肉山脯林(육산포림) 肉山酒池(육산주지)

竹馬故友(죽마고우)
어렸을 때부터 사귄 친구를 뜻한다.
비슷한 말 竹馬舊友(죽마구우) 騎竹之交(기죽지교)
竹馬之好(죽마지호)

衆寡不敵(중과부적)
적은 수효로 많은 수효와 맞겨루지 못함을 뜻한다.
비슷한 말 寡不適中(과부적중)

衆口難防(중구난방)
여러 사람이 제각기 이러쿵저러쿵 의견을 내어 말하면 하나하나 받아들이기가 어렵다는 것을 뜻한다.

芝蘭之交(지란지교)
지초와 난초의 사귐이라는 뜻으로, 벗 사이의 맑고도 높은 사귐을 말한다.

指鹿爲馬(지록위마)
간사한 꾀로써 윗사람을 농락하고 아랫사람을 겁주어 멋대로 권세를 부림을 뜻한다.

支離滅裂(지리멸렬)
갈가리 찢기고 마구 흩어져 갈피를 잡을 수 없음을 나타내는 말이다.

至上命令(지상명령)
절대로 복종해야 할 명령을 뜻한다.

池魚之殃(지어지앙)
이유 없이 뜻하지 않게 당하는 재앙을 가리킨다.

知行合一(지행합일)
앎과 실천은 둘이 아니고 하나이며 앎과 실천을 함께 힘써야 한다는 뜻이다.

비슷한 말 知行竝進(지행병진) 知行一致(지행일치)

指呼之間(지호지간)
손짓하여 부를 만한 가까운 거리를 말한다.

비슷한 말 咫尺之間(지척지간) 一衣帶水(일의대수)

珍羞盛饌(진수성찬)
맛이 좋고 잘 차린 음식이란 뜻이다.

* 羞: 부끄러워할/반찬 수 * 饌: 반찬 찬

進退兩難(진퇴양난)
이러기도 저러기도 어려워 입장이 곤란한 것을 뜻한다.

비슷한 말 進退維谷(진퇴유곡) 兩手兼將(양수겸장)

進退維谷(진퇴유곡)
앞으로 나아갈 수도 뒤로 물러날 수도 없이 궁지에 빠짐을 뜻한다.

비슷한 말 進退兩難(진퇴양난) 兩手兼將(양수겸장)

此日彼日(차일피일)
약속이나 기한 따위를 미적미적 미루는 모양을 나타내는 말이다.

滄海一粟(창해일속)
넓은 바다에 한 톨의 좁쌀이란 말로, 아주 큰 것 중에 아주 작은 것 또는 천지 사이에 있는 인간의 존재가 하찮음을 뜻한다.

비슷한 말 九牛一毛(구우일모)

斥和洋夷(척화양이)
서양의 오랑캐와 화해함을 배척하는 쇄국정책(鎖國政策)을 일컫는다.

天高馬肥(천고마비)
하늘은 높고 말은 살찐다는 뜻으로, 가을날의 맑고 풍성한 정경을 뜻한다.

千慮一失(천려일실)
천 가지 생각 가운데 하나의 잘못이라는 뜻으로, 지혜로운 사람이라도 많은 생각 가운데는 한 가지 실수는 있게 마련이라는 말이다.

비슷한 말 千慮一得(천려일득)

天方地軸(천방지축)
가벼운 사람이 덤벙대는 모습이거나 몹시 급하여 방향을 모르고 함부로 날뛰는 모양을 말한다.

비슷한 말 天方地方(천방지방)

天生緣分(천생연분)
하늘이 내어준 연분이란 말로, 결혼하여 잘 살아가는 부부를 뜻한다.

天壤之差(천양지차)
하늘과 땅같이 엄청난 차이를 뜻한다.

비슷한 말 天壤之判(천양지판) 雲泥之差(운니지차)

天佑神助(천우신조)
인간의 힘으로 불가능한 것을 하늘과 신의 도움으로 가능하게 하는 경우를 말한다.

天衣無縫(천의무봉)
천사의 옷은 바느질한 흔적이 없다는 뜻으로, 시문(詩文) 등이 매우 자연스러워 조금도 꾸민 자국이 없음을 일컫는다.

天長地久(천장지구)
하늘과 땅은 영원히 변치 않음을 뜻한다.

千載一遇(천재일우)
천년에 한 번 만난다는 뜻으로, 좀처럼 얻기 어려운 좋은 기회를 이르는 말이다.

비슷한 말 萬歲一時(만세일시) 千秋一時(천추일시)

天眞爛漫(천진난만)
꾸밈이나 거짓 없이 타고난 성질 그대로가 말이나 행동에 나타남을 뜻한다.

千差萬別(천차만별)
여러 가지로 차이와 구별이 많은 것을 뜻한다.

千篇一律(천편일률)
천 가지 책이 모두 하나의 내용과 형식이라는 뜻으로, 사건이나 사물이 한결같아 단조롭다는 것을 나타낸다.

鐵石肝腸(철석간장)
쇠나 돌같이 굳센 의지를 뜻한다.

비슷한 말 鐵心石腸(철심석장) 鐵腸石心(철장석심)

徹天之恨(철천지한)
하늘을 뚫을 정도의 사무친 한(恨)을 가리킨다.

비슷한 말 千秋之恨(천추지한)

轍環天下(철환천하)
수레를 타고 온 세상을 돌아다닌다는 말로, 교화(敎化)를 위하여 온 세상을 돌아다님을 뜻한다. * 轍: 바퀴자국 철

青雲之志(청운지지)
높고 큰 뜻을 가리키는 말이다.

青天白日(청천백일)
푸른 하늘의 밝은 태양이라는 말로, 누구나 다 볼 수 있도록 공개된 상황이나 일을 뜻한다.

青出於藍(청출어람)
청색이 본래 쪽에서 나왔으나 쪽보다 푸름과 같이, 제자가 스승보다 뛰어남을 일컫는다.

비슷한 말 青出於藍而青於藍(청출어람이청어람)

清風明月(청풍명월)
맑은 바람과 밝은 달의 뜻으로, 결백하고 온건한 사람의 성격을 평하는 말이다.

樵童汲婦(초동급부)
교육을 받지 못한 하층 사람들 또는 평범한 보통사람을 일컫는다.

* 樵: 땔나무 초 * 汲: 물길을 급
비슷한 말 甲男乙女(갑남을녀) 匹夫匹婦(필부필부)
張三李四(장삼이사) 愚夫愚婦(우부우부)

草綠同色(초록동색)

서로 같은 처지나 같은 유(類)의 사람들끼리 함께 행동함을 이르는 말이다.

비슷한 말 類類相從(유유상종) 同病相憐(동병상련)

焦眉之急(초미지급)

눈썹에 불이 붙은 것과 같이, 매우 위급한 상황을 일컫는다.

비슷한 말 百尺竿頭(백척간두) 風前燈燭(풍전등촉)
累卵之危(누란지위) 危如累卵(위여누란)
累卵之勢(누란지세) 累碁(누기)
一觸卽發(일촉즉발) 焦眉之急(초미지급)
危機一髮(위기일발) 風前燈火(풍전등화)

初志一貫(초지일관)

처음에 품은 뜻을 이루려고 끝까지 밀고 나감을 뜻한다.

寸鐵殺人(촌철살인)

짤막한 경구(警句), 격언(格言) 등으로 사람의 마음을 찔러 감동시킴을 뜻한다.

비슷한 말 頂門一鍼(정문일침) 頂門金錐(정문금추)

秋風落葉(추풍낙엽)

가을바람에 떨어지는 나뭇잎이라는 뜻으로, 세력이나 형세가 갑자기 기울거나 시듦을 나타내는 말이다.

春秋筆法(춘추필법)
대의명분을 밝혀 세우는 사필(史筆)의 준엄(峻嚴)한 논법을 말한다.

春夏秋冬(춘하추동)
봄(春), 여름(夏), 가을(秋), 겨울(冬)의 네 계절을 이르는 말이다.

忠言逆耳(충언역이)
충성스런 말은 귀에 거슬린다는 뜻으로, 바른 말은 사람들이 듣기 싫어하지만 자신을 이롭게 함을 가리킨다.

비슷한 말 良藥苦口(양약고구) 金言逆耳(금언역이)

取捨選擇(취사선택)
취할 것은 취하고 버릴 것은 버린다는 뜻이다.

醉生夢死(취생몽사)
아무 일도 하지 않고 흐리멍텅하게 한 평생을 살아감을 뜻한다.

七顚八起(칠전팔기)
일곱 번 넘어지고 여덟 번 일어난다는 뜻으로, 여러 번 실패해도 굽히지 않고 재기하여 분투함을 가리킨다.

* 顚: 꼭대기 전

七縱七擒(칠종칠금)
제갈량이 남만의 맹획을 일곱 번 잡았다 놓아준 고사에서 유래한 말로, 전략이 뛰어남을 가리킨다.

* 擒: 사로잡을 금

針小棒大(침소봉대)
바늘만한 것을 몽둥이 만하다고 과장한다는 뜻으로, 작은 일

을 크게 허풍떨어 말함을 가리킨다. * 棒: 몽둥이 봉

他山之石(타산지석)

다른 산에 있는 하찮은 돌도 자기 구슬을 가는데 도움이 된다는 말로, 다른 사람의 하찮은 언행도 자기의 지식과 인격을 닦는 데에 도움이 됨을 뜻한다.

비슷한 말 攻玉以石(공옥이석) 切磋琢磨(절차탁마)

卓上空論(탁상공론)

현실성이 없는 허황(虛荒)한 이론이나 논의를 뜻한다.

비슷한 말 猫項懸鈴(묘항현령) 猫頭懸鈴(묘두현령)

貪官汚吏(탐관오리)

욕심이 많고 행실이 깨끗하지 못한 관리를 말한다.

泰山北斗(태산북두)

세상 사람들이 우러러 받들고 존경하는 사람을 가리킨다.

泰然自若(태연자약)

외부의 충격을 받아도 움직임이 없이 자연스러움을 뜻한다.

兎死狗烹(토사구팽)

토끼를 다 잡고 나면 개를 삶는다는 뜻으로, 쓸모 있을 때는 이용하다가 가치가 없어지면 버린다는 것을 이르는 말이다.

* 烹: 삶을 팽

비슷한 말 野獸盡獵狗烹(야수진엽구팽)
高鳥盡良弓藏(고조진양궁장)

吐哺握髮(토포악발)

널리 인재를 구하고 어진 선비를 잘 대접함을 가리킨다.

* 哺: 먹일 포
비슷한 말 握髮吐哺(악발토포) 吐握(토악)

波瀾萬丈(파란만장)
일의 진행에 기복, 변화가 매우 심함을 뜻한다.
* 瀾: 물결 란

破廉恥漢(파렴치한)
부끄러움을 모르는 사람을 이르는 말이다.

破邪顯正(파사현정)
그릇된 것을 깨뜨리고 올바르게 바로잡는다는 뜻이다.

破顔大笑(파안대소)
얼굴빛을 밝게 하여 한바탕 크게 웃음을 뜻한다.
비슷한 말 破顔一笑(파안일소) 可可大笑(가가대소)
哄然大笑(홍연대소) * 呵: 꾸짖을 가 * 哄: 떠들 홍伽

破竹之勢(파죽지세)
대를 쪼개는 것 같은 거침없는 기세란 뜻으로, 무인지경을 가듯 아무런 저항 없이 맹렬히 진군하는 기세를 가리킨다.
비슷한 말 迎刃而解(영인이해) 勢如破竹(세여파죽)

破天荒(파천황)
지금까지 아무도 하지 못한 큰일을 해내는 경우를 말한다.

八方美人(팔방미인)
모든 면에서 두루 능통한 사람을 가리킨다.

八字所關(팔자소관)
인생은 인위적인 노력에 의해 개척되는 것이 아니라 타고난 숙명이 관장하는 것이라는 뜻이다.

敗家亡身(패가망신)
가산을 탕진하여 집안을 무너뜨리고 자신의 신세도 망친다는 말이다.

비슷한 말 人亡家廢(인망가폐) 人亡宅廢(인망택폐)

偏母膝下(편모슬하)
홀어머니의 품 아래를 말한다. * 膝: 무릎 슬

비슷한 말 偏母侍下(편모시하)

弊袍破笠(폐포파립)
해진 도포나 부서진 갓이란 말로, 너절하고 구차한 차림새를 가리킨다. * 袍: 솜옷 포 * 笠: 삿갓 립

抱腹絶倒(포복절도)
배를 안고 넘어진다는 뜻으로, 몹시 우스움을 나타내는 말이다.

비슷한 말 捧腹絶倒(봉복절도) * 捧: 받들 봉

暴惡無道(포악무도)
매우 사납고 악함을 가리킨다.

表裏不同(표리부동)
마음이 음흉하여 겉과 속이 다름을 뜻한다.

비슷한 말 羊頭狗肉(양두구육) 人面獸心(인면수심)

반대말 表裏一致(표리일치) *表裏相應(표리상응)

風樹之嘆(풍수지탄)
부모님이 돌아가셔서 효도할 기회를 잃은 것에 탄식함을 뜻한다.

비슷한 말 風樹之悲(풍수지비) 風樹之感(풍수지감)

風前燈火(풍전등화)
바람 앞의 등불처럼 아주 위태로운 지경을 뜻한다.

비슷한 말 百尺竿頭(백척간두) 風前燈燭(풍전등촉)
累卵之危(누란지위) 危如累卵(위여누란)
累卵之勢(누란지세) 累碁(누기)
一觸卽發(일촉즉발) 焦眉之急(초미지급)
危機一髮(위기일발) 命在頃刻(명재경각)

彼此一般(피차일반)
두 편이 서로 같다는 뜻이다.

匹夫之勇(필부지용)
평범한 사람의 용기란 뜻으로, 작은 용기를 뜻한다.

匹夫匹婦(필부필부)
한 사람의 남자와 한 사람의 여자라는 뜻으로, 평범한 남녀를 일컫는다.

비슷한 말 甲男乙女(갑남을녀) 張三李四(장삼이사)
樵童汲婦(초동급부) 愚夫愚婦(우부우부)

何待歲月(하대세월)
세월을 기다리기가 지루함을 뜻한다.

비슷한 말 何待明年(하대명년)

下石上臺(하석상대)
아랫돌 빼서 윗돌을 괸다는 뜻으로, 임시변통으로 이리저리 둘러맞춤을 일컫는 말이다.

비슷한 말 彌縫策(미봉책) 姑息之計(고식지계)
凍足放尿(동족방뇨)

鶴首苦待(학수고대)
학처럼 목을 길게 빼고 애타게 기다린다는 말로, 사람이나 어떤 상황을 애태우며 기다린다는 것을 뜻한다.

비슷한 말 一日如三秋(일일여삼추) 一刻如三秋(일각여삼추)

漢江投石(한강투석)
한강에 돌을 던진다는 뜻으로, 아무리해도 전혀 효과가 없음을 가리키는 말이다.

邯鄲之夢(한단지몽)
인생과 부귀영화가 한바탕의 꿈과 같이 허무하다는 것을 뜻한다.

비슷한 말 南柯一夢(남가일몽) 南柯之夢(남가지몽)
南柯夢(남가몽) 槐夢(괴몽)
巫山之夢(무산지몽) 一場春夢(일장춘몽)
一炊之夢(일취지몽) 邯鄲夢枕(한단몽침)

邯鄲之步(한단지보)
자기의 본분을 잊고 남의 흉내만 내면 실패함을 뜻한다.

비슷한 말 邯鄲學步(한단학보)

汗牛充棟(한우충동)
수레에 실으면 소가 땀을 흘리고 집안에 쌓으면 마룻대까지 채울 만큼 책이 많음을 가리키는 말이다.

비슷한 말 五車之書(오거지서)

含憤蓄怨(함분축원)
분함을 품고 원한을 쌓는다는 뜻이다.

咸興差使(함흥차사)
임무를 띠고 간 사람이 소식이 없음을 일컫는 말이다.

合從連衡(합종연횡)
전국시대에 행해졌던 외교 방식으로 합종책과 연횡책을 말한다. * 從: 좇을 종. 여기서는 세로 종. * 衡: 저울대 형. 여기서는 가로 횡.

駭怪罔測(해괴망측)
평소 접할 수 없는 놀랍고 기이한 일을 경험하고 그 정도가 심해 헤아릴 수조차 없음을 뜻한다. * 駭: 놀랄 해

비슷한 말 奇怪罔測

偕老同穴(해로동혈)
살아서는 같이 늙고 죽어서는 한 무덤에 묻힌다는 뜻으로, 생사를 같이하는 부부를 말한다. * 偕: 함께 해

虛心坦懷(허심탄회)
감춤이 없이 솔직하여 마음에 아무런 거리낌이 없다는 뜻이다.
* 坦: 평평할 탄

虛張聲勢(허장성세)
거짓으로 위세를 꾸미고, 헛된 소리로 사람을 으르는 것을 말한다.

虛虛實實(허허실실)
적의 허한 곳에 실한 것으로 공격하는 전술을 말한다.

懸頭刺股(현두자고)
상투를 매달고 넓적다리를 찌른다는 뜻으로, 졸음을 참으며 학업에 힘쓴다는 것을 일컫는다. * 股: 넓적다리 고

懸河之辯(현하지변)
흐르는 물과 같이 거침없이 말을 잘함을 뜻한다.
비슷한 말 懸河口辯(현하구변) 懸河雄辯(현하웅변)

螢雪之功(형설지공)
반딧불과 눈으로 쌓은 공이란 뜻으로, 어려운 처지에서도 학문에 힘써 이룬 공을 말한다.

狐假虎威(호가호위)
여우가 호랑이의 힘을 빌어 뽐내듯, 강한 자의 위세를 빌어 약한 자에게 군림함을 뜻한다. * 狐: 여우 호

糊口之策(호구지책)
겨우 끼니를 이어가기 위한 방책을 뜻한다.

呼父呼兄(호부호형)
아버지를 아버지라 부르고 형을 형이라 부른다는 뜻으로, 부형을 부형답게 모심을 말한다.

好事多魔(호사다마)
좋은 일일수록 그것을 방해하는 일도 많이 생김을 뜻한다.

虎死留皮(호사유피)
범이 죽어서 가죽을 남기듯이, 사람도 죽은 뒤 이름을 남기라는 뜻이다.
비슷한 말 豹死留皮(표사유피)

虎視耽耽(호시탐탐)

야심을 품고 날카로운 눈초리로 기회를 엿보는 모양을 말한다.

* 眈: 노려볼 탐

浩然之氣(호연지기)

어떤 사물에도 구애(拘碍)됨이 없는 넓고 큰 기운이나 공명정대(公明正大)하여 흔들리거나 꺾이지 않는 도덕적 용기를 말한다.

비슷한 말 正大之氣

好衣好食(호의호식)

좋은 옷과 좋은 음식이라는 뜻으로, 잘 입고 잘 먹음 또는 그런 생활을 일컫는 말이다.

비슷한 말 錦衣玉食(금의옥식)

惑世誣民(혹세무민)

이단의 설로 세상 사람들을 미혹시키고 속이는 것을 말한다.

* 誣: 무고할 무

昏定晨省(혼정신성)

조삭(朝夕)으로 부모를 극진하게 모시는 도리를 말하는데, 부모의 안부(安否)를 물어서 살핌을 일컫는다.

紅爐點雪(홍로점설)

벌겋게 단 화로에 떨어지는 한 점의 눈이라는 뜻으로, 큰 힘 앞에 맥을 못 추는 매우 작은 힘을 이르는 말이다. 또는 도(道)를 깨달아 마음속이 후련함을 비유하기도 한다.

紅一點(홍일점)

많은 남자들 중에 낀 한 여자를 뜻한다.

반대말 靑一點(청일점)

畵龍點睛(화룡점정)
용을 그릴 때 마지막으로 눈동자에 점을 찍어 완성시킨다는 뜻으로, 가장 중요한 부분을 완성하여 일을 끝낸다는 것을 가리킨다. * 睛; 눈동자 정

花無十日紅(화무십일홍)
열흘 붉은 꽃이 없다는 뜻으로, 어떤 성하거나 좋은 현상이 영구히 계속되지 못하고 조락되거나 변한다는 뜻이다.

비슷한 말 權不十年(권불십년) 勢不十年(세불십년)

畵蛇添足(화사첨족)
뱀을 그리는데 없는 발까지 더함을 뜻하는데, 안 해도 될 쓸데없는 일을 하다가 도리어 일을 그르치는 경우를 말한다.

비슷한 말 蛇足(사족)

畵中之餠(화중지병)
그림의 떡이라는 뜻으로, 탐이 나도 어찌해 볼 수 없는 사물을 말한다. * 餠: 떡 병

비슷한 말 畵餠(화병)

換骨奪胎(환골탈태)
고인(古人)이 지은 시문(詩文)의 뜻과 어구를 자기 것으로 소화한 뒤, 그것을 바탕으로 독자적인 시문을 지음 또는 용모가 변하여 전보다 아름답게 됨을 뜻한다.

鰥寡孤獨(한과고독)
홀아비, 과부, 고아, 늙어서 자식이 없는 사람들이란 말로, 외롭고 의지할 곳 없는 불쌍한 사람들을 가리킨다.

* 鰥: 홀아비 환

비슷한 말 四顧無親(사고무친)

會者定離(회자정리)
만나면 언젠가는 헤어지게 되어 있다는 뜻으로, 인생의 무상함을 일컫는다.

비슷한 말 生者必滅(생자필멸)

橫說竪說(횡설수설)
되는대로 조리가 없는 말을 마구 지껄이는 것을 말한다.

後生可畏(후생가외)
후배들은 선배들보다 나아질 가능성이 많기 때문에 두려운 존재로 여길 수 있음을 뜻한다.

厚顔無恥(후안무치)
부끄러운 짓을 하고도 얼굴에 부끄러운 기색이 나타나지 않음을 가리키는 말이다.

興亡盛衰(흥망성쇠)
흥하고 망함과 성하고 쇠함을 뜻한다.

비슷한 말 榮枯盛衰(영고성쇠)

興盡悲來(흥진비래)
즐거운 일이 다하면 슬픈 일이 온다는 뜻으로, 세상일 이 돌고 돈다는 것을 이르는 말이다.

반대말 苦盡甘來(고진감래)

▣ 편저 대한고전문화연구회 ▣

• 편저

쉬운 논어 1일1화

(고전역사서를 쉽게 풀어쓴) 총서 삼국사기

(고전역사서를 쉽게 풀어쓴) 총서 삼국유사

쉬운 목민심서

(총람)매천야록 등 편저

100% 활용하는

핵심 고사성어로의 여행

2022년 7월 05일 인쇄
2022년 7월 10일 발행

편 저 대한고전문화연구회
발행인 김현호
발행처 법문북스(일문판)
공급처 법률미디어

주소 서울 구로구 경인로 54길4(구로동 636-62)
전화 02)2636-2911~2, 팩스 02)2636-3012
홈페이지 www.lawb.co.kr

등록일자 1979년 8월 27일
등록번호 제5-22호

ISBN 979-11-92369-19-8

정가 18,000원